零基础玩转短视频运营

内容策划、拍摄剪辑、数据运营

杨光瑶◎编著

中国铁道出版社有限公司

CHINA RAILWAY PUBLISHING HOUSE CO., LTD.

内 容 简 介

本书主要向读者介绍如何策划、拍摄和剪辑短视频内容，并利用短视频精准营销以及做数据运营。本书共 7 章，主要内容包括精准策划短视频营销内容、拍摄与剪辑制作优质短视频、做好发布与投放有效提高点击量、短视频上热门的运营策略、短视频运营导流与粉丝维护、短视频数据化运营精讲、借助 Excel 灵活处理和分析短视频数据。

本书特别适合短视频运营者、自媒体创业者以及需要利用短视频营销的企业和商家阅读。另外，本书也适合短视频爱好者、个人微商、新媒体从业者学习和借鉴。

图书在版编目（CIP）数据

零基础玩转短视频运营:内容策划、拍摄剪辑、数据运营/
杨光瑶编著. —北京:中国铁道出版社有限公司，2023.11
ISBN 978-7-113-30498-0

Ⅰ.①零… Ⅱ.①杨… Ⅲ.①网络营销 Ⅳ.①F713.365.2

中国国家版本馆 CIP 数据核字（2023）第 161664 号

书　　名：**零基础玩转短视频运营——内容策划、拍摄剪辑、数据运营**
　　　　　LINGJICHU WANZHUAN DUANSHIPIN YUNYING:NEIRONG CEHUA PAISHE JIANJI SHUJU YUNYING
作　　者：杨光瑶

责任编辑：张　丹　　　　　编辑部电话：（010）51873028　　　电子邮箱：232262382@qq.com
封面设计：宿　萌
责任校对：安海燕
责任印制：赵星辰

出版发行：中国铁道出版社有限公司（100054，北京市西城区右安门西街 8 号）
网　　址：http://www.tdpress.com
印　　刷：河北宝昌佳彩印刷有限公司
版　　次：2023 年 11 月第 1 版　2023 年 11 月第 1 次印刷
开　　本：710 mm×1 000 mm　1/16　印张：15.25　字数：280 千
书　　号：ISBN 978-7-113-30498-0
定　　价：69.80 元

前言 ◑

随着短视频的快速发展，在新媒体领域掀起了短视频创作的热潮，各大平台也都通过不同的方式扶持和鼓励创作者，并积极探索短视频商业价值的实现模式。

现如今，短视频已成为大多数网民休闲娱乐和创业的工具。短视频之所以会如此受网民欢迎，主要原因在于其内容的表现形式，短视频时长短、趣味性高、创作门槛较低，符合人们碎片化阅读的习惯。但并不是所有短视频都能赢得网民的青睐，短视频是以"内容为王"的行业，优质内容是短视频成功的关键。

如何创作优质视频内容成为短视频运营的一大难题，在当今竞争日益激烈的环境下，接踵而来的问题还有如何利用短视频精准营销，进行数据化运营。为了帮助想要进入短视频领域的创作者应对以上问题，我们编写了本书。

主要内容

本书共7章，主要从短视频的内容策划和拍摄发布、短视频运营与粉丝维护以及短视频数据运营三个方面来安排内容，具体内容如下。

第一部分　内容策划、拍摄与发布
该部分为本书第1~3章，主要讲解如何策划短视频营销内容、拍摄与剪辑制作出优质短视频的方法以及做好视频的发布与投放等。通过本部分的学习，可以了解优质短视频的特点、制作过程以及提高视频点击量的方法。

第二部分　营销与粉丝维护
该部分包括本书的第4~5章，主要内容包括短视频内容审核规则、如何提高视频上推荐的机会、短视频站内推广工具、账号引流吸引粉丝方法、粉丝管理与维护等。通过本部分的学习，可以了解短视频引流和粉丝维护相关知识。

第三部分 数据化运营精讲

该部分包括本书的第6~7章，主要内容包含短视频数据化运营以及借助Excel处理和分析短视频数据等。本部分从数据化运营的角度出发，介绍了如何分析短视频的相关数据以及如何利用数据分析的结果来指导运营。

内容特点

内容实用
从短视频营销和数据化运营两方面出发，详细讲解了短视频内容创作和运营相关知识，实用性强。

操作性强
全书侧重实例操作和案例分析讲解，旨在帮助读者真正学到有用的运营策略和数据分析方法。

上手容易
内容通俗易懂，对于偏理论的知识，采用图示化的讲解方式，以帮助读者更快上手实操。

读者对象

本书适用于新手短视频创作者、短视频运营人员以及需要利用短视频做营销推广的企业、商家和自媒体；也适合有一定短视频创作和运营经验的新媒体从业者、创业者学习和借鉴。

素材资源

为了方便不同网络环境的读者学习，也为了提升图书的附加价值，本书素材和效果文件，请读者在电脑端打开链接下载获取。

下载网址：http://www.m.crphdm.com/2023/0830/14632.shtml

编 者

2023年8月

目录 ◑

第3章　做好发布与投放有效提高点击量

第4章　短视频上热门的运营策略

第7章　借助Excel处理和分析短视频数据

第 1 章

精准策划短视频营销内容

　　随着短视频的兴起，人们获取信息的方式也逐步发生了改变，越来越多的人们习惯通过短视频获取各类信息。根据相关研究报告，我国短视频用户规模达8亿多，由此可见，当下正是短视频快速发展的时期。

内容规划，把握短视频优质选题

短视频的八大内容方向
考虑选题的四个维度
锁定核心粉丝人群
如何搭建短视频选题库

内容积累，持续策划优质视频

跟踪热点话题找优质内容
从爆款视频找合适素材
新媒体平台内容提炼

1.1 内容规划，把握短视频优质选题

随着短视频的快速发展，短视频的内容与种类也越来越丰富，从生活美食到美妆娱乐，从财经资讯到知识科普，从萌宠动漫到旅游时尚；短视频的内容包罗万象。做短视频精准营销，首先就要做好内容规划，通过把握优质选题让短视频脱颖而出，从而赢得粉丝的喜爱。

1.1.1 短视频的八大内容方向

短视频具有碎片化、渗透率强、信息容量大等特点，从当前的短视频行业生态来看，以下八大内容方向是比较受欢迎的类型。

（1）生活短剧类

生活短剧类短视频呈现的内容与人们的日常生活情景相关，因此，这类短视频更能在情感上引起用户的共鸣。受时长的限制，每集情景短剧展现的都是剧集的高潮部分，再加上剧情本身具有很强的吸引力，使得这类短视频很受用户的喜欢。部分剧集还会在结尾留下悬念，引导粉丝追剧，同时也能提高视频的人气。

随着生活短剧类视频的火爆，不少短视频平台也推出了微短剧扶持计划，进一步体现了这类短视频的受众很多。如抖音在 2021 年 4 月推出了"新番计划"，以"流量扶持 + 现金激励"的方式鼓励创作者创作优质短剧作品，如图 1-1 所示。

图 1-1　抖音短剧"新番计划"

（2）美妆穿搭类

从短视频的内容方向来看，美妆穿搭也是很多创作者选择的方向，这类短视

频以分享穿搭、护肤、化妆、产品评测等内容为主。在网络红人榜上，美妆穿搭类短视频创作者常常会排在前列，甚至是前十。美妆穿搭类短视频创作者之所以会走红，是因为内容方向符合大众需求，且契合短视频行业生态。

（3）美食类

在短视频内容领域，美食类短视频一直有广泛的受众。随着短视频行业的发展，美食类短视频的表现形式也在不断丰富和完善，总的来看，美食类短视频有如下几种类型：

- **美食教学：** 主要讲述如何制作美食，这类短视频具有实用性高的特点，内容方向更偏向大众生活。
- **美食＋故事：** 将美食与故事结合起来，在视频中讲述一段故事，同时又呈现了美食的制作过程。
- **明星看点：** 视频内容更偏向综艺，通过明星参与美食制作而带来流量，能够引发名人效应。
- **创意做法：** 通过有创意的美食烹饪方法来吸引观众，让美食制作变得趣味十足，能够抓住用户猎奇的心理。
- **美食探店：** 主要视频内容是探店并品尝美食，同时发表自身对美食的看法。

（4）萌宠类

这类短视频的特点就是萌、逗趣，且具有较为稳定的受众群体。其内容表现形式多为萌宠拟人化，为了让萌宠贴近人的某些行为。在视频制作上，常常会借助拍摄技巧或后期，如配音、剪辑等。另外，表现萌宠与主人日常生活的短视频也很普遍。

（5）舞蹈音乐类

舞蹈音乐类短视频在短视频平台上比较热门，这类短视频因为特点明显的背景音乐以及用户自发地拍摄传播，传播度很高。很多舞蹈音乐类短视频的拍摄难度并不高，视频拍摄者只需选择合适的配乐，再根据对应的情景进行演绎即可，简单易上手、参与门槛低是这类视频获得用户喜爱的原因。

音乐舞蹈类短视频中也会出现些专业性较强的，这类视频与歌曲／舞蹈创作、音乐翻唱、舞蹈教学等有关，传播度虽没有手指舞、海草舞这类视频高，但内容更专业，对创作者的要求也更高。

（6）风景旅行类

在短视频平台，风景旅行类的短视频也很受欢迎。从内容来看，这类视频有不同的表现方式，具体如下所示：

- **美景欣赏：** 主要内容是拍摄壮美恢宏的大自然景观，展现高山、大海、湖泊等景色的魅力。
- **vlog 记录：** 视频中有行程记录、景点介绍，还有美景赏析等内容，视频博主一般会真人出境并配带解说。
- **旅行攻略：** 以分享旅行攻略为主，为有旅行意愿的用户提供出行参考、美食推荐、民宿介绍等，内容主要定位于"好看＋有用"。

（7）二次元动画类

对大多数短视频用户来说，刷短视频是一种娱乐、休闲的方式，有着搞怪、有趣、可爱、暖萌风格的二次元动画自然也能赢得用户的喜爱。大多数二次元动画类短视频都有一个核心 IP 角色，视频故事都围绕这一角色来展开。除此之外，还有动画科普类短视频、动画剪辑类短视频等形式。

（8）新闻资讯类

随着短视频的发展，政务媒体等机构也纷纷入驻短视频平台，借助短视频，机构账号可以发布新闻资讯、科普知识、时事热点等内容。短视频能够拉近政务媒体与受众之间的距离，而且，短视频也符合当代年轻人获得资讯的习惯。不管是在社交平台还是在短视频平台，政务媒体号都拥有很高的关注度。

除以上 8 种短视频类型外，常见的短视频类型还有影视剪辑类、街头随采类、知识技能类、喜剧搞笑类、游戏录屏类、颜值类等，以上分类并不能囊括所有的短视频类型，在具体策划短视频内容时，可以先找准大的创作方向，然后再进行短视频内容类型细分。

1.1.2　考虑选题的四个维度

在进行短视频选题策划时，首先要考虑 4 个维度，这 4 个维度会影响短视频的创作方向。

（1）账号定位

现在的新媒体平台对内容领域有明确的细分，比如微博将热门分为情感、生活、美食、财经、股市等类别，如图 1-2 所示。

图 1-2　热门微博分类

作为短视频内容创作者，首先就要根据账号定位来选择合适的内容领域，账号的定位也会决定未来短视频的整体运营思路，定位越清晰，后期的运营才会越明确，才能走得长久。

（2）平台定位

可以发布短视频的平台分为传统视频平台、社交平台、短视频平台等，不同的平台有不同的特点，平台自身的定位和内容发布偏好也会影响短视频内容的选题。

比如抖音是专注于年轻人音乐短视频创作分享的社区，内容侧重于记录人生百态、娱乐明星，展现美好生活。bilibili（以下简称 B 站）是年轻人高度聚集的综合性视频社区，内容多元化，但更偏好于二次元、游戏、番剧、搞笑等。

如果创作者要在抖音和 B 站上进行短视频营销，就不得不考虑这两个平台各自的属性，选择契合平台特性的选题更容易获得受众的青睐。

（3）内容要求

每一个视频平台对发布的内容都会有要求，在策划短视频选题时，需保证选题方向符合平台的内容要求，以快手为例，如图1-3所示为快手对短视频内容的部分要求。

第三章 不得制作、复制、发布、传播含有以下违法违规内容的有害信息

一、攻击、破坏、违反国家法律法规及政策制度的内容，包括但不限于：

1. 反对宪法确定的基本原则；

2. 破坏国家统一，颠覆国家政权，泄露国家秘密，危害国家安全，损害国家尊严、荣誉和利益；

3. 煽动民族仇恨、民族歧视，歪曲民族历史，破坏民族团结；

4. 破坏国家宗教政策，损害宗教和睦与团结，宣扬邪教；

5. 宣扬封建迷信，违背科学精神；

6. 诋毁优秀文化传统与历史革命成果，篡改、恶搞经典名著，歪曲、贬低红色文化与非物质文化遗产；

7. 编造、散布谣言或不实信息，扰乱社会秩序；

8. 破坏社会稳定，组织、从事、煽动涉黑性质活动及违法暴力活动等；

9. 妨害、破坏公共秩序，威胁个人及公共安全，影响社会治安；

10. 捕猎、杀害、贩卖、非法饲养、食用野生及保护动植物；制作、加工、买卖保护动植物相关制品；制作、销售狩猎工具；

图1-3　快手短视频内容部分要求

（4）账号运营阶段

在账号的不同运营阶段，短视频选题的方向、范围也可能不同，这里将账号运营分为初期、成长期和成熟期三个阶段，具体见表1-1。

表1-1　账号运营的3个阶段

阶段	选题思路
初期	账号运营初期是粉丝积累的重要阶段，为了吸引更多受众的关注，要将目标人群的范围扩大，选题的范围和方向也会更广，可以选择普遍适用于目标人群的话题，或者热门的、自带流量的话题，这样的话题能更广泛地收获粉丝
成长期	在成长期，账号有了一定的粉丝基础，不过仍要继续吸引其他目标用户，并且要留住已有的粉丝。此阶段的选题方向可以适当缩小，其目的是逐渐让内容垂直化，可以选择自带流量的、普遍适用的话题，但也要有一部分个性化的、新鲜的、体现账号人设的选题，稀缺的、高质量的内容才能吸引更多用户观看，为账号带来更多粉丝

阶段	选题思路
成熟期	在成熟期，通过前期的运营，基本上已确立了短视频的整体风格和内容定位，选题的大方向是比较明确的。此阶段可以根据运营数据来挑选合适的选题，如播放量、互动量等，另外，也要关注时事热点、新媒体行业动态等，从中找到适合自身定位的选题

TIPS 什么是内容垂直化

在竞争日益激烈的短视频领域，垂直化成为很多短视频创作团队、头部创作者、优质原创视频博主发展的方向。所谓垂直化是指短视频内容与账号定位的领域保持一致，并且专注于一个领域的内容，如情感领域、游戏领域等。与内容垂直化对应的是泛娱乐化，垂直化内容面对更为细分的受众，粉丝人群也更精准，且粉丝黏性较高。泛娱乐化内容的用户成分复杂，没有统一的标签，但内容的普适度高，大多数人都爱看，所以传播度往往也较广。

1.1.3　锁定核心粉丝人群

不同的人群有不同的内容偏好，在做短视频选题时，还可以根据目标人群来挑选，根据核心粉丝人群进行选题策划，更能精准吸引粉丝。那么，如何确定核心粉丝人群呢？

在账号建立初期，由于没有历史数据做用户画像分析，这时可以通过行业报告、竞品账号分析来确定账号的目标受众。

（1）数据报告

不同类型的短视频其主要的受众群体是不同的，根据权威机构提供的数据报告，可以大致了解我们面对的主要用户群体是哪些。假设初期锁定的视频运营平台是抖音，那么根据抖音数据报告，可以了解到不同年龄用户爱拍、爱看什么，见表1-2。

表 1-2　2022 抖音不同年龄用户爱拍爱看什么

用户群	爱拍摄	爱观看
"00" 后	动漫	动漫
"90" 后	萌娃	新闻
"80" 后	风景	穿搭
"70" 后	美食	婚礼
"60" 后	舞蹈	萌娃

如果短视频账号有明确的行业定位，那么根据行业报告来洞察人群会更精准，以美妆类短视频账号为例，根据数据显示，可以看到抖音美妆人群主要为女性，集中在 31 ～ 40 岁，如图 1-4 所示。

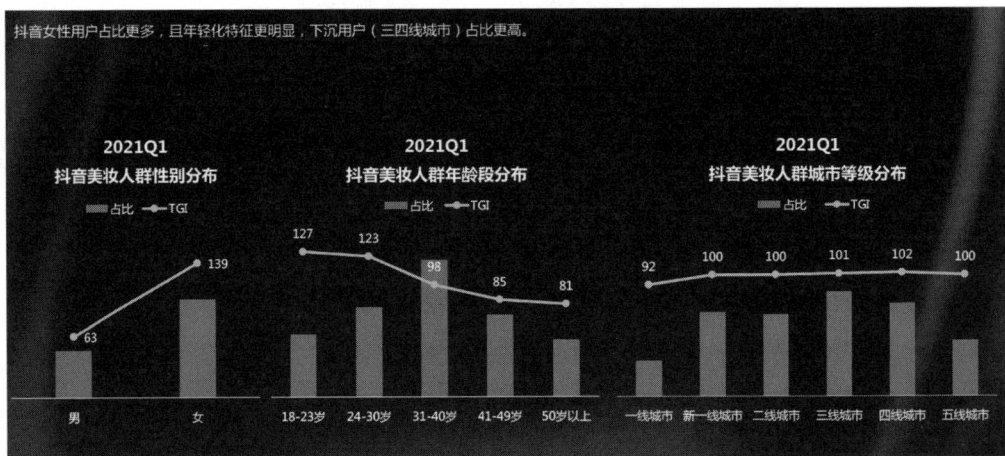

图 1-4　抖音美妆人群占比

通过查看其他报告，还可以了解各种视频平台的用户画像，为锁定受众群体提供参考。

（2）竞品账号

竞品账号经过一段时间的运营，已经有了一定的粉丝基础，通过分析竞品账号，能了解到账号的目标受众是哪些。同样以美妆账号为例，可以通过数据分析平台了解竞品账号的粉丝画像，如图 1-5 所示为抖音某美妆博主粉丝画像数据。

性别分布

男性：12.28%   女性：87.72%

年龄分布

地域分布	省份 | 城市
名称	占比
广东	10.16%
河南	8.07%
江苏	7.92%
山东	6.89%
浙江	6.23%
四川	5.86%
湖南	4.95%
河北	4.67%
安徽	4.32%
湖北	4.06%

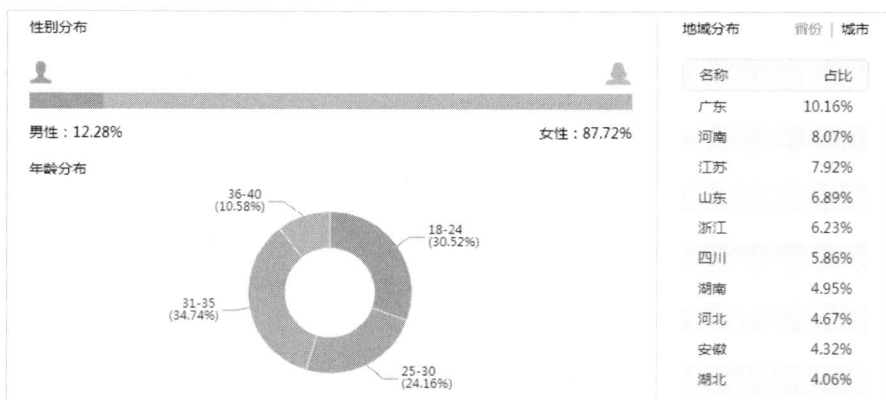

图1-5 美妆类竞品账号粉丝画像数据

通过查询到的数据，可以建立静态用户画像，初步确立粉丝的性别分布、年龄分布和地域分布，如下所示为美妆类静态用户画像。

性别分布：主要为女性用户，约占90%。

年龄分布：主要集中在31～35岁，其次为18～24岁。

地域分布：广东省占比较高，其次是河南省、江苏省，新一线、二线、三线、四线城市用户群体关注度较高。

除以上数据外，还可以结合其他数据更详细地勾画粉丝人群画像，如婚姻状况、使用地点、活跃时间、感兴趣的话题、偏好特征等。分析出目标人群后，要结合这些受众的需求来策划选题，这样才能精准定位短视频，并且被用户所喜欢。比如，从短视频偏好来看，31～35岁的美妆人群还对拍摄、穿搭、情感等内容感兴趣，这些都可以成为短视频选题的方向。

1.1.4 如何搭建短视频选题库

为了保证短视频内容的持续输出，需要建立短视频选题库，避免创意枯竭时无内容创作。创建了选题库后，在进行短视频创作前，可以先看看选题库中有没有合适的话题。那么如何创建短视频选题库呢？具体可以采用自身创建和思维发散两个方法。

（1）根据自身经验创建

其实短视频的灵感很多来源于自身经验或受生活启发，我们可以结合账号定位、内容方向、个人经验来构建短视频选题库。这类选题可以归类到常规选题中，常规选题库可能会呈现两大特点，一是数量多，二是范围广。

搭建常规选题库，并不是将所有想到的点子写下来这么简单，而要按一定的流程进行操作，如图 1-6 所示的三大步骤。

确定内容方向 → 记录选题内容 → 纳入选题库

图 1-6　常规选题库搭建流程

在搭建常规选题库时，首先要确保选题的方向是符合自身定位的，比如账号定位健身领域，那么就要围绕这一领域来策划选题，不能今天策划健身选题，明天选择星座、考研等内容，这样的选题方式会让账号没有差异点，也难以吸引精准粉丝。

其次是将日常积累、突发灵感记录下来，形成一个选题。这个选题可以不够精细，但要包含表 1-3 中的内容。

表 1-3　日常选题要包含的内容

内容	描述
方向	写明选题的主要方向，如健身类—瑜伽、健身类—马甲线
理由	选择这个选题的理由，如能对粉丝提供技能指导、内容实用
标题	一个大致的短视频标题，如女生肩颈操、高强度燃脂训练
要点	视频的主要内容或风格，如搞笑风格＋健身方法

最后形成一个选题之后，将这个选题纳入常规选题库中，并归类整理好，以便于内容策划时使用。

（2）思维发散

思维发散是一种选题的方法，当有选题灵感或选题思路时，可以将选题内容用关键词呈现出来，然后围绕这一关键词进行思维发散，得到更多适合的选题，然后将形成的选题纳入常规选题库中。在具体使用思维发散法时，可以利用思维导图来策划选题，如图 1-7 所示。

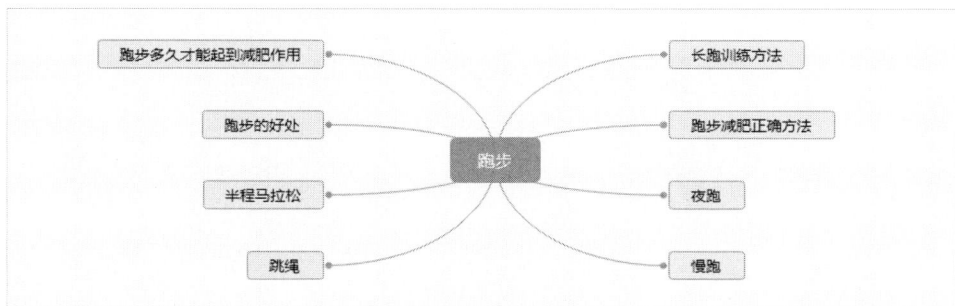

图 1-7　选题策划思维导图

从图 1-7 可以看出，围绕一个关键词就可以衍生出很多内容，从而丰富常规选题库。这一选题方法还可以运用于团队选题策划中，先确定一个选题关键词，然后让创作团队的成员发散思维，提出自己的选题点子。

1.2　内容积累，持续策划优质视频

进行短视频精准营销，优质的视频内容格外重要，视频的质量不仅会影响播放量，还会影响粉丝数量。策划优质短视频要从策划优质选题开始，因为选题的方向决定了内容的方向以及视频的演绎方式。另外，内容质量一般的视频也很难获得平台推荐，会增加短视频运营的难度。

1.2.1　跟踪热点话题找优质内容

热点话题往往自带流量，在新媒体平台中，热点自带高热度，它会在网络上不断发酵、活跃，最终引爆。当然，热点话题具有时效性，会有一个"发酵→活跃→消亡"的过程。如果在热点话题发酵、活跃的阶段策划了相应的热点短视频，会大大提高短视频的受关注度，更容易在短时间内"收割"一大波流量。热点话题按来源可分为以下几类。

◆ **季节性热点**：季节性热点是可预见的热点，包括传统节日、节气、历史事件等,这类热点可通过热点日历查看,并提前策划好相应的短视频内容,如图1-8所示为热点日历。

图1-8 热点日历

- **社会热点:** 这类热点通常是不可预测的,包括社会热点事件、娱乐八卦、时政新闻等热点,对于此类热点可以从其本身去策划短视频内容,或者以热点为出发点,从不同角度去关联创作。

- **行业热点:** 行业热点与行业有关,以电商为例,双十一、6·18都是热点。除此之外,行业也会产生突发的随机性热点,追这类热点要关注行业动态,了解行业平台或者媒体报道了什么。

- **平台热点:** 平台热点常常与平台发起的活动有关,由于有平台的扶持,这类活动往往能获得高流量,优质的短视频还有机会上热门。

- **热门梗或音乐:** 在新媒体平台上产生的热门梗或音乐也是值得追的热点,这类热点也存在一定的周期性,一般只会火热一段时间,但只要用好了也能为短视频带来流量,如图1-9所示为抖音的一些热门梗。

热门梗			
真实伤害是游戏里最真实的伤害	你品,你细品	我不听我不听	淘宝搜电饭煲
英雄联盟设计师你知道我的痛楚吗	半场开香槟	洗海带吗	啊对对对

图1-9 抖音部分热门梗

要围绕热点创作短视频内容，首先要找到合适的热点话题，可以通过以下渠道寻找热点题材。

（1）社交平台

包括微博、微信两大社交平台，通过微博热搜榜、话题榜、微信搜一搜寻找热点，如图 1-10 所示为微博热搜榜。

图 1-10　微博热搜榜

（2）短视频平台

通过短视频平台提供的热点榜来找热点，如通过抖音热榜可以查看抖音实时热榜，并且可以查看该热点的相关视频；通过快手热榜同样可以查看实时热点和相关视频，如图 1-11 所示为抖音热榜及相关视频（图中"w"为网络用语，表示数量单位"万"的意思）。

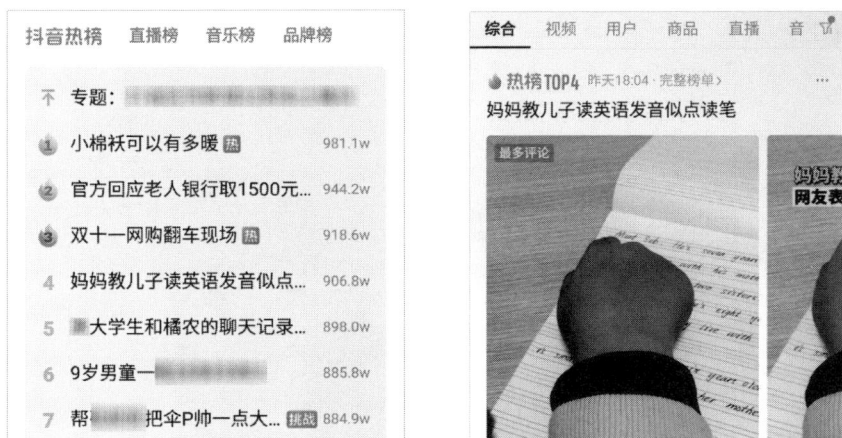

图 1-11　抖音热榜

（3）百度热搜榜

百度热搜榜是基于网民的搜索行为得出的数据，有热搜、小说、电影、电视剧、动漫、综艺等榜单，通过百度热搜可以了解网民的兴趣和需求，如图 1-12 所示为百度热搜榜单页面。

图 1-12　百度热搜榜单

（4）知乎话题广场

知乎是一个问答社区，在知乎上，用户可以提问并分享知识、经验，知乎的话题榜汇总了各种各样的讨论话题，可以结合账号的内容创作方向来选择合适的话题版块，并在对应的话题版块中找到热门话题，如图 1-13 所示。

图 1-13　知乎话题广场

（5）今日热榜

今日热榜提供各站热榜，包括微信、哔哩哔哩、百度、知乎、微博、豆瓣、抖音等，是追踪全网热点的好工具，如图1-14所示为今日热榜首页。

图1-14　今日热榜首页

（6）综合数据平台

除以上平台外，还可通过一些综合数据平台寻找热点，如新榜、飞瓜数据、蝉妈妈数据等，不同平台由于定位不同，提供的热点数据也会不同。如新榜是内容产业服务平台，提供微博热议榜单、抖音热点榜单；飞瓜数据是短视频＋直播电商数据分析平台，主要提供抖音、快手等视频平台的热门榜单数据，如图1-15所示为新榜热门内容页面。

图1-15　新榜热门内容页面

1.2.2　从爆款视频找合适素材

一则短视频若成为爆款，那么必定有足够广泛的受众，且选题的角度能够引起观众共鸣。在策划短视频内容时，可以从爆款视频中找到合适的选题，通过各类数据平台能查看爆款短视频，另外，很多爆款视频往往和热点话题有一定的关联性，因此，两者可以结合起来查看。以蝉妈妈数据为例，可以查看抖音和小红书的视频热榜，如图 1-16 所示为小红书官方视频热榜。

官方视频热榜

| 分类 | 总榜 | 美食 | 旅行 | Vlog | 知识 | 才艺 | 时尚 | 兴趣 | 健身 | 游戏 |

| 日榜 | 2021-11-15 ∨ |

排行	笔记	博主	热度❷	互动量	点赞数	评
1	神兽还是放在学校里好……		648.5w	3.2w	2.9w	4
2	花49元吃大学旁边的香辣粉		573.5w	1.4w	1.3w	4
3	这就是外焦里嫩的最高境界吗？		513.7w	3.8w	3.5w	4

图 1-16　小红书官方视频热榜

查看到热门视频榜单后，要进行视频筛选，找出契合账号定位的爆款视频，然后将这些爆款视频整理收集起来，纳入爆款选题库中。需要注意，爆款选题库的内容不能像常规选题库一样宽泛，应更具有针对性，主要来自以下几方面：

◆ 同类型爆款视频整理收集，如账号定位于美食，则从美食类爆款视频中找到适合的选题。

◆ 从竞品账号爆款视频中整理收集而来。

◆ 根据热点话题找到的选题，如微博热搜、朋友圈刷屏级文章、短视频热榜等。

◆ 爆款视频、热点话题有关或相似的话题裂变而来。

找到合适的爆款视频后，根据表1-4进行选题整理，主要明确选题的账号来源、途径、关键词、标题以及类型等。

表 1-4　爆款选题库

标题	来源	渠道	类型	关键词	时间
如果你厌倦了外面的勾心斗角……	××达人	抖音	美食	大闸蟹、肉蟹煲、美食创作人……	2021.11.15
熬猪油到底是用水熬还是用油熬……	××达人	抖音	美食	熬猪油……	2021.11.15
准备 12 斤凤梨做凤梨酥和凤梨罐头……	××达人	抖音	美食	凤梨、小零食……	2021.11.15

1.2.3　新媒体平台内容提炼

以图文为主的新媒体平台也是积累短视频内容素材的渠道之一，运营者可以选择优质的新媒体内容进行提炼，常用的新媒体渠道有以下一些。

（1）微信公众号

微信公众号汇集了很多优质的文章和视频，从公众号中寻找内容素材要有方法。首先，去找那些与我们的短视频账号调性、目标人群尽量相符的公众号，具体可通过新榜、西瓜助手等平台找到合适的公众号，如根据新榜微信排行榜筛选，如图 1-17 所示。

图 1-17　新榜微信排行榜

账号筛选是有必要的，可以帮助我们剔除低质量的公众号，将符合标准的公众号留下。在表格中汇总优质公众号，以减少后期筛选公众号的操作，并且可对这些账号进行长期观察，从中找到更多好的选题。

其次，找到优质公众号的相关爆文。通过标题去公众号中搜索，阅读爆文的具体内容，查看爆文的阅读量、评论等数据，初步进行选题分析，将符合要求的收集整理入选题库中。

另外，也可以按行业、文章类型筛选新媒体文章，找到与账号定位匹配，阅读量、点赞量排名靠前的新媒体文章，积累合适的素材和提供选题。

（2）自媒体平台

常见的自媒体平台有今日头条（头条号）、一点资讯（一点号）、百度（百家号）、网易（网易号）等，这些自媒体平台多为综合性资讯平台，提供很多优质内容，并且分类明确，从中也可以找到很多内容素材，为短视频运营者进行选题积累提供帮助，如图1-18所示为今日头条美食版块内容和热门视频排行。

图1-18　今日头条美食版块

（3）socialbeta

socialbeta是为营销生态从业者提供内容媒体的平台，其产品和服务包括营销新媒体、创意案例库、创意营销社区等。营销新媒体每日报道来自品牌主、媒体平台的最新资讯、营销趋势；创意案例库中汇聚了很多数字媒体、移动互联网上的营销案例，这些内容能为短视频创作与营销提供创意和灵感，如图 1-19 所示为营销案例页面。

图 1-19　营销案例页面

TIPS 建立系列选题库

　　在收集选题的过程中，如果有适合做系列视频的选题，可以将其归类到系列专题选题库中。有规划地推出系列专题短视频，可以让短视频内容更系统化，另外，专题内容也可以提高粉丝黏性，节气类、热门话题类选题都比较适合做系列专题。

1.3　内容筛选，做好加工优化工作

　　完成选题收集后，还需要对选题进行筛选以及加工优化，进行内容筛选有两个重要作用，一是防止短视频题材跑偏，确保内容符合平台生态；二是让内容更具可操作性，保证内容的质量和差异化，从而制作出能够引起用户观看、点赞、转发的短视频内容。

1.3.1　选择合适的内容主题

　　短视频营销需要保持定期定量的内容输出，要想让短视频吸引用户并留住用户，较为关键的一点就是保证内容的价值，选择合适的主题就是为短视频质量把关。通过日积月累，在常规选题库、爆款选题库中会积累很多选题，那么哪些选题才是合适的呢？具体可从以下两方面来进行筛选。

（1）内容适配性

从平台属性、账号定位、用户需求、受众群体、可操作性几方面来考量内容的适配性，选择内容适配性高的选题会更好。

◆ **平台属性：** 是指短视频与平台的契合度。进行短视频营销都需要依靠相应的平台，如果短视频内容与平台格格不入或者不符合平台价值观，自然无法获得很高的观看量，比如在一个定位于游戏的视频平台做营销，其视频内容大都与游戏相关，但是在做内容策划时，选择了养生健康、美食攻略这类选题，很明显是不符合平台属性的。

◆ **账号定位：** 如果选题内容与自身的账号定位不匹配，即使这个选题很好，拥有很高的流量，也不能选择。稳定发布与账号定位匹配的内容，有利于提高账号在专业领域的影响力，为塑造 IP 打下基础。

◆ **用户需求：** 在内容筛选时，需要考虑用户的需求与喜好，对于粉丝来说，有价值的内容就是能满足自身需求，解决个人痛点的内容。比如搞笑类短视频能满足用户休闲娱乐的精神需求，测评类短视频能满足用户选购商品的需求。短视频内容对粉丝来说有价值，他们会更乐于传播、点赞和评论。

◆ **受众群体：** 受众群体也是需要考虑的一个因素，不同的选题覆盖的受众群体是不同的，在满足以上条件的基础上，选择受众覆盖面广的内容会更好。比如做一期的无糖饮料测评的短视频，选题一是各类品牌的无糖饮料测评，选题二为 ×× 品牌的无糖饮料测评，很明显前者的受众覆盖面更广，更容易获得高观看量。

◆ **可操作性：** 是指这一选题是否适合拍摄成短视频，有的选题自带流量，但可能并不适合用视频的方式来表达。另外，受素材、拍摄条件等的限制，也可能无法实现短视频的创作，因此，筛选选题时还要考虑视频创作的可操作性。

通过内容适配性筛选内容时，可以结合雷达图来进行操作。首先让团队成员分别对各个选题的平台属性、账号定位、用户需求、受众群体和可操作性打分，然后取各个值的平均分，再利用办公软件绘制雷达图，最后选出内容适配性更高的选题，表 1-5 为内容适配性评分表。

表1-5　内容适配性评分表

评分人	平台属性	账号定位	用户需求	受众群体	可操作性
成员 A	8	10	7	6	9
成员 B	7	4	8	9	9
成员 C	9	7	9	7	9
成员 D	6	8	8	6	9
平均分	7.5	7.25	8	7	9

根据评分表绘制对应选题的雷达图，利用雷达图来筛选合适的选题，如图1-20所示。

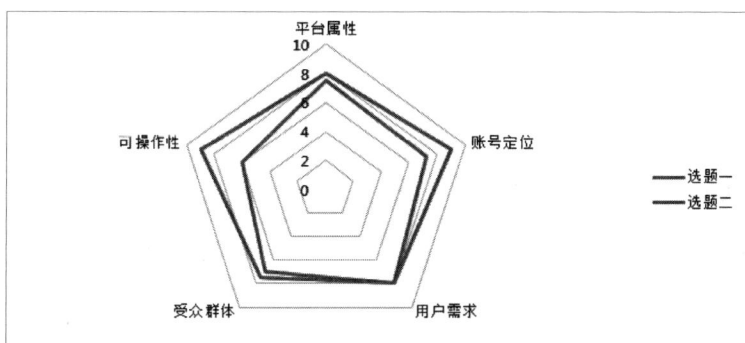

图1-20　雷达图

从上图可以看出，选题二优于选题一，因此，可将选题二作为备选选题。

（2）传播属性

能引发广泛传播的短视频更具有成为爆款的潜力，具体可从以下几方面来考量短视频的传播属性。

◆ **传播性：** 有传播性的内容通常表现出有社交属性、有价值、独特新颖、能够激发感情或引发共鸣等特点。

◆ **时效性：** 不宜选时效性太强的内容；因为从视频策划到发布需要一个过程，

时效性太强的内容可能在视频发布时就冷掉了。因此，所选择的内容至少要保证在短视频发布期间是有热度的，没有被大众所遗忘。

◆ **热度持续性：**热度持续性是与时效性相对的概念，在筛选内容时，要对内容的热度持续时间进行判断，热度持续时间越长，越利于视频传播。

◆ **话题性：**内容的话题性也会影响短视频的传播程度，一般来说，与人们生活相关的、有争议的、社会热议的内容会更具有话题性，选择有话题性的选题更能引发讨论，实现广泛传播。

1.3.2 选择粉丝喜欢看的内容

在筛选短视频内容时，不应以自我为中心，而应站在粉丝的角度考虑，从用户的需求和痛点两方面来挖掘粉丝喜欢的内容，需求和痛点有不同的含义。

◆ **用户需求：**是指某种需要或欲望，比如洗碗需要洗洁精，洗洁精就是需求。

◆ **用户痛点：**是指未被满足且渴望的需求，比如洗碗时希望洗洁精不伤手，那么不伤手就是痛点。

需求的紧迫性决定了这一需求是否能成为痛点，如图 1-21 为痛点需求四象限图。如果短视频内容是刚需的且紧迫性很高，那么成功获取用户的概率会越大，视频也越容易被粉丝所喜欢。

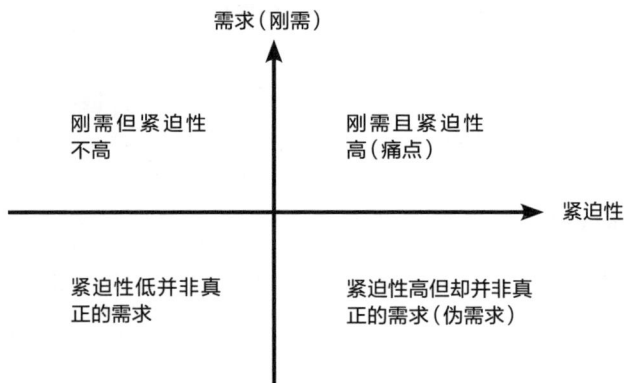

图 1-21 痛点需求四象限图

在寻找粉丝需求与痛点的过程中，可以从用户的行为习惯、兴趣爱好、关注话题去分析。比如对当代年轻人来说，"孤独"是一个痛点，那么情感类短视频账号就可以围绕"孤独"这一痛点来筛选选题，选择那些能够引起共鸣、触及年轻人泪点的内容，让短视频内容深入粉丝的内心。运营者可以采用以下 4 种方法找出粉丝的需求和痛点。

①把自己当成用户，站在目标受众的角度思考，找出大部分人共同的痛点，并记录下来。

②通过短视频评论了解粉丝需求，如图 1-22 所示为某视频的评论，在评论中可以看到粉丝对一些产品测评的需求。

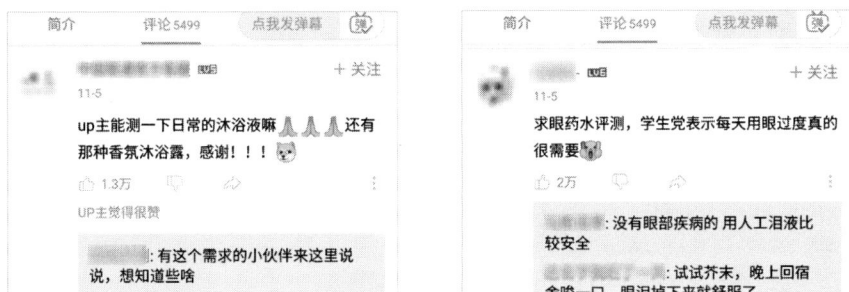

图 1-22　视频评论

③通过用户画像分析报告了解粉丝需求和偏好，比如短视频的目标受众是母婴用户，那么可通过相关报告了解这类人群的喜好，如图 1-23 所示为《2022 中国综合母婴平台监测报告》中关于母婴平台用户资讯类别偏好的内容。

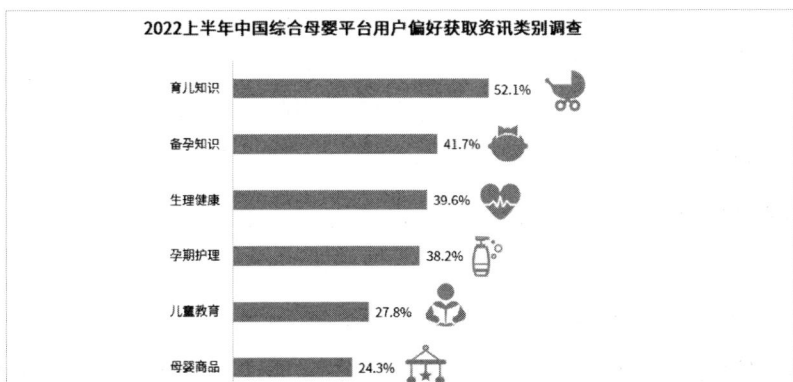

图 1-23　2022 综合母婴平台监测报告

④通过兴趣分析了解粉丝的需求和痛点，如目标粉丝关注了哪些短视频博主、他们喜欢看哪类视频、更愿意评论什么、品牌喜好、兴趣分布等，如图 1-24 所示为母婴亲子短视频粉丝评论分析，从图中可以看到粉丝评论使用的词汇以及评论的具体内容。

图 1-24　粉丝评论分析

除以上方法外，还可以结合需求理论来策划粉丝喜欢的内容，马斯洛的需求层次理论将人的需求分为五种基本需要，包括生理上的需要、安全上的需要、感情上的需要、尊重的需要以及自我实现的需要。结合短视频用户的需要，可以将粉丝的需求分为三大类。

◆ **精神需求：** 缓解疲劳、满足情感体验、打发时间、娱乐消遣等需要，搞笑类、剧情类、萌娃类、旅行类短视频都可从该角度出发来策划视频，让粉丝通过观看短视频获得快乐体验，实现精神共鸣。

◆ **实用需求：** 获取新闻资讯、有用的技能、有价值的知识、厨艺、专业领域知识等需求，知识科普类、技能技巧类、美食类短视频可从该角度出发满足粉丝解决问题的需求。

◆ **物质需求**：主要是寻求消费指导的需求，通过短视频粉丝可以了解产品的基本信息、使用价值、优惠折扣、性价比等信息。带货类短视频可从物质需求的角度来策划视频内容，让粉丝在观看视频后对产品有基本的了解，从而决定是否购买。

对粉丝需求深入了解后，可结合目标粉丝的需求来筛选选题。如果粉丝偏向于娱乐放松，就尽量策划轻松、有趣、诙谐的内容；如果粉丝对专业知识获取有强烈需求，就可以选择有价值的知识、技巧去做内容。

当然，粉丝的需求可能交叉存在，比如实用需求 + 精神需求，这时可在提供技能知识的同时增加短视频的娱乐性，如知识类短视频通过动画解读、剧情反转、趣味调侃、夸张演绎等方式来增强内容的趣味性，让粉丝能在轻松的氛围下学到实用知识。

1.3.3 热点话题并不是都可以追

当下，短视频的内容越来越多元化，结合热点来创作短视频已成为常态，但并不是热点都可以追，热点追对了能够帮助账号收割流量，如果追错了可能会导致掉粉，严重的可能导致账号被封号。追热点首先要明确哪些热点可以追，哪些热点不能追。

热点有常规性热点、可预测热点和突发性热点，常规性热点和可预测热点一般都是可以放心追的，比较容易走偏的是突发性热点，特别是新闻类、政治类、负面类的突发性热点，这类热点尽量不要追，主要原因有两点：

一是追此类热点的风险太大，当下的新媒体平台对违规内容的整治很严格，如果不慎发表了不当言论，很容易被修改账号信息、禁言，直至关闭账号。

二是账号资质的问题，自媒体和普通账号没有发布新闻、时政信息的权限。以微博为例，微博制定了关于自媒体及其他账号不得违规采编发布转载互联网新闻信息的社区管理要求，如下为部分内容。

1. 自媒体和普通账号不得在账号信息中使用"新闻""传媒""时政""曝光"及其同等含义的，容易使他人将非媒体账号误认为正规新闻机构或从业人员的文字和内容。

2. 未取得相应互联网新闻信息采编发布资质的账号，不得采编发布新闻信息，不得违规聚合转载社会时政新闻。

对于可以追的热点，在围绕热点进行短视频创作时，要把握速度、角度和观点等三个维度。

（1）速度要快

热点一般具有时效性，要想打造良好的追热点效果，就要把握好热点的生命周期。热点会经历酝酿、成长、高峰、衰退、消散的生命周期。运营者要在成长时就追热点，这样才能在热点爆发时获得大量流量，热点的生命周期越长，追热点的效果也会越好。如图 1-25 所示为某微博"北京环球度假区"2021 年 11 月 14 日至 2021 年 11 月 16 日的热度变化走势。

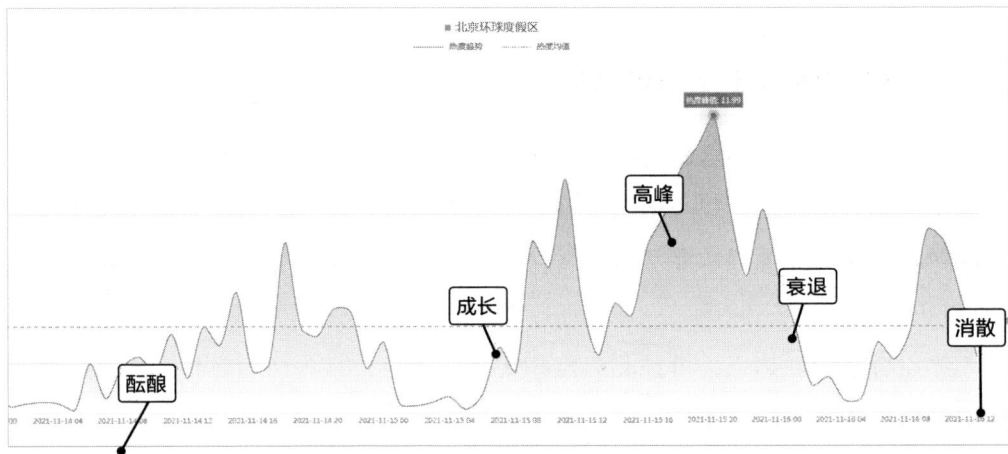

图 1-25　北京环球度假区热度变化趋势

从上图可以看出，该热点走出了明显的生命周期，从 2021 年 11 月 14 日 4 时开始酝酿，在 2021 年 11 月 15 日 20 时达到峰值。在新媒体平台上，信息的更新频率是很快的，能否抓住热点的"黄金成长期"，是追热点是否有效的关键之一。部分生命周期较长的热点可能会出现多波高潮，对于此类热点，需要持续关注热度走势，有时可能需要根据热点事件发展的情况，来创作多条短视频。

（2）角度要正

在创作热点短视频前，要对热点进行梳理，理清热点事件发生的原因以及相关细节。运营者可多角度创作短视频，但是这些角度要是正面的，以保证短视频内容能传播正能量和正确的价值观。

（3）观点要实

追热点免不了要发表一些个人观点，发表的观点一定要实事求是、就事论事，不能歪曲或捏造事实，对于一些敏感话题，更要围绕热点本身的事实来创作，且要保证理论依据的真实可靠性。对于短视频创作者来说，追热点时一定要保持理性，讲求实事求是。

当有多个热点可追时，需要对热点进行判断，从中选出合适的热点进行短视频创作，具体可从四个方面来进行判断。

◆ **覆盖度：** 指热点覆盖人群的广度和深度，尽量选择覆盖面广的热点。

◆ **话题性：** 指热点是否能引发人们的参与和讨论，比如"抖音 emo 告别大会"这一热点就具有很强的参与性，能够引起粉丝互动。

◆ **相关性：** 指热点与目标粉丝群体是否相关，尽量选择与目标受众相关度高的热点，如"护肤品用得越多越勤皮肤可能越差"这一热点就与需要减少肌肤问题的人群有很高的相关度。

◆ **风险性：** 指热点的风险大小，尽量选择风险小或没有风险的热点。

结合以上几点，同样可以制作评分表和雷达图，只是风险性指标与其他评判标准会相反，数值应越小越好。

1.4　内容设计，打造爆款短视频

确定好短视频的方向和选题后，接下来就应对内容进行设计，敲定内容细节，这样在进行短视频拍摄时，才会清楚需要准备哪些素材、如何进行场景布置、怎样结尾等。

1.4.1 短视频脚本内容设计

脚本可以说是短视频的框架大纲，也是我们创作短视频的依据，写好短视频脚本对视频拍摄有重要意义。脚本上会写明什么时间、地点、会发生什么事情，以及如何运镜、景别等内容，相当于对视频前期准备、拍摄、剪辑做了一个流程指导，这能提高视频拍摄的效率。脚本能帮助我们把控好视频细节，包括道具、台词、配乐等的设计，可以提高视频的拍摄质量。

在编写脚本前，首先要理清短视频的主题、主要内容、拍摄时间、地点、背景音乐等，然后编写脚本大纲，对镜头的每一个细节进行设计。短视频脚本要包含表1-6中的内容。

表1-6 短视频脚本模板

镜号	画面内容	景别	拍摄技巧	时间	台词	音效	备注
1	产品的外观展示	全景	纯色背景板	5s			
2	有瑕疵的面部特写	特写	移镜头拍摄面部	6s			
3	上妆遮盖特写	特写	特写突出主体	8s			
4	上妆与未上妆对比	近景	正前方拍摄	7s			
5							
6							
7							
8							
9							
10							
11							
12							

上表中，镜号是指镜头的先后顺序，在脚本中按照1、2、3的顺序标出。画面内容是比较重要的，画面内容可用文字或者图来描述，需详细写明画面中的场景。景别由近至远可分为五种，包括特写、近景、中景、全景和远景，如图1-26所示。

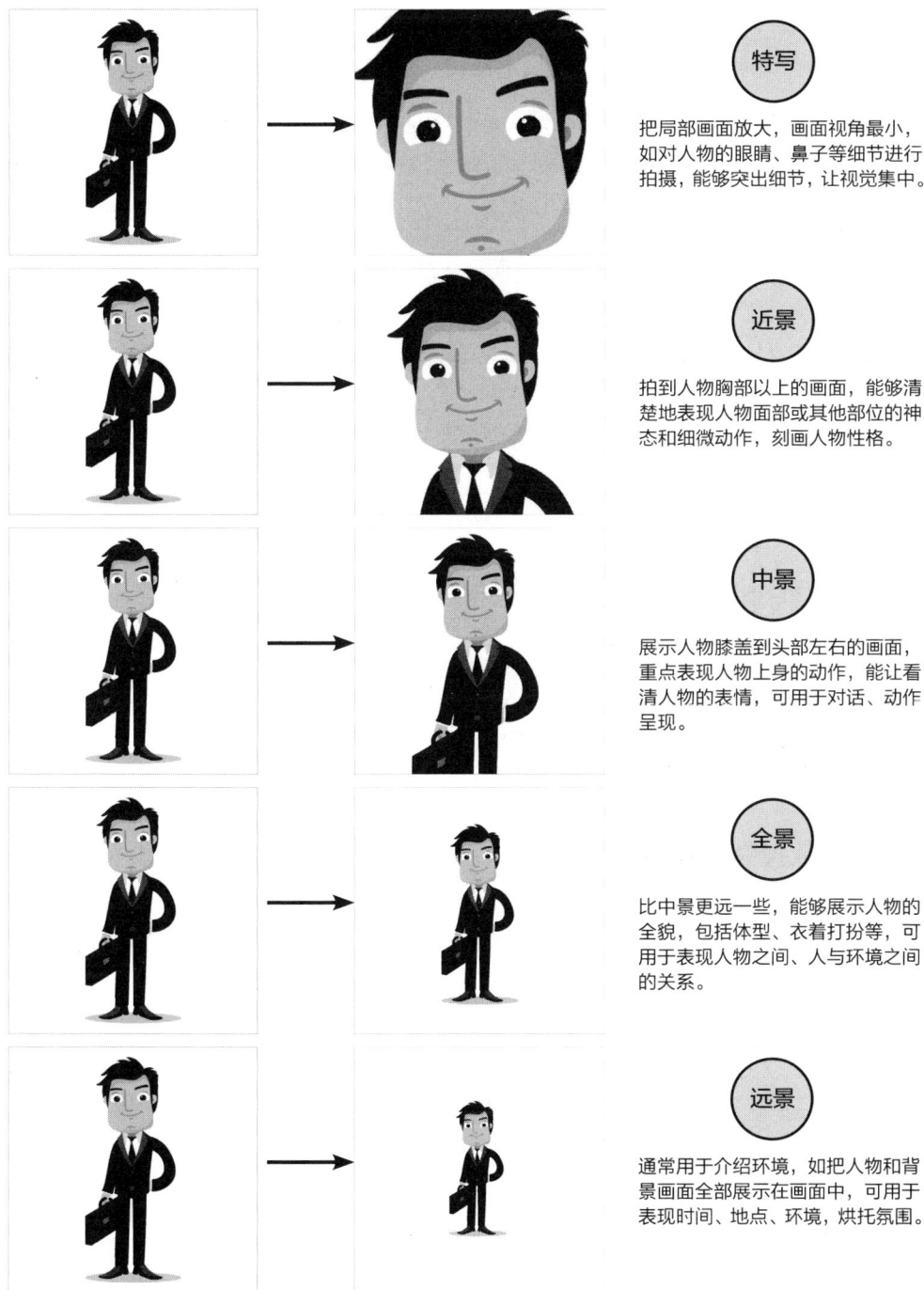

特写

把局部画面放大,画面视角最小,如对人物的眼睛、鼻子等细节进行拍摄,能够突出细节,让视觉集中。

近景

拍到人物胸部以上的画面,能够清楚地表现人物面部或其他部位的神态和细微动作,刻画人物性格。

中景

展示人物膝盖到头部左右的画面,重点表现人物上身的动作,能让看清人物的表情,可用于对话、动作呈现。

全景

比中景更远一些,能够展示人物的全貌,包括体型、衣着打扮等,可用于表现人物之间、人与环境之间的关系。

远景

通常用于介绍环境,如把人物和背景画面全部展示在画面中,可用于表现时间、地点、环境,烘托氛围。

图1-26 景别的分类

拍摄技巧可以写明镜头的运动方式、镜头的组合方式、拍摄角度以及画面的处理技巧等，如淡入、变焦拍摄、仰拍、移动拍摄等。时间是指单个镜头的时长，标注好时间有利于后期剪辑。有台词、音效的部分分别写明具体的台词和音乐效果。

在写短视频脚本时，内容应尽量丰富、完整，也可以根据短视频内容的特性来编写适合自己的脚本，如对于简单的多色号唇妆产品带货短视频，可按拍摄概览、拍摄详解、拍摄技巧三个方面来写脚本，见表1-7。

表1-7　多色号唇妆脚本模板

要点	内容
拍摄概览	关键词：模特进行不同色号的试色上妆，展示效果 内容：产品外观 + 上妆效果 + 颜色展示
拍摄详解	1. 展示产品的外观，先拍全貌再拍局部，并对产品进行简单介绍 2. 依次展示唇膏的上妆效果，主推的色号先拍且重点展示，其他色号简单展示。展示的同时讲解，并用字幕说明色号 3. 最后对比展示几个不同色号的唇妆效果
拍摄技巧	1. 要保证妆容效果的真实感，不过度磨皮、美颜 2. 选择干净整洁的背景，做好环境布光以清晰展示商品外观和上妆效果 3. 模特的妆容要能体现产品的色号，风格应一致

1.4.2　爆款视频创作技巧

爆款视频具有很强的引流能力，要创作出有爆款潜力的短视频，还要学会运用一些视频创作的技巧。

（1）围绕热点创作

高质量视频 + 热点的加持很容易将视频推上热门，由于热点具有较强时效性，因此，追热点速度要快，这样才能有更多的播放量。创作者需要时刻关注热门话题，并从中找到适合自身账号定位的热点题材。

热点是把双刃剑，好的热点能帮助视频上热门，负面的热点也可能导致账号掉粉甚至被封禁，因此，在创作热点视频前可以结合前面介绍的内容来判断该热点是否可追。在确定热点可追以后，再运用以下几点来提升视频效果。

①结合热点进行再创作，尽量选择独特的切入点来创作视频，更容易获得点赞和关注。

②不要盲目跟风，应结合自身特色进行热点视频创作，以创作出个性鲜明、有独特创意的热门视频。

③可以在视频标题、封面中加入热点关键词，以提升点击量，但要注意文案内容不能危言耸听。

（2）让视频贴近生活

在新媒体平台中，贴近人们生活的短视频往往更受欢迎，这类视频会让观看者有更多的代入感，也更愿意推荐和分享。通俗来讲就是让视频"更接地气"，在具体创作视频时要把握以下两点。

①无论是科普类、美食类，还是美妆类短视频，在设计脚本文案时都要注意避免过于专业化。特别是在输出专业知识的时候，很容易使用大量的专业名词。但短视频的受众主要是普通大众，这些艰深晦涩的专业词汇会让他们失去观看视频的兴趣，视频播放量自然也上不去。让视频内容通俗易懂更容易获得用户的青睐，针对过于专业的内容，可以通过字幕注解，或者用简单明了的语言进行阐述。

②避免短视频给人带来"说教感"，部分创作者会以说教者的姿态输出内容，这会给视频观看者带来压迫感，另外，这样的视频也很容易引起用户反感。在创作视频时，可以将观众当作自己的朋友，让视频内容自然、有温度，能获得更好的效果。

（3）制造反差

制作反差有 3 点好处，一是能增加视频的可看性；二是能引发用户的好奇心；三是能引起话题，在视频中制造反差有以下技巧。

◆ **视觉反差**：这类反差是通过强烈的视觉对比来吸引观众的眼球，比如大小反差、颜色反差、形状反差等。比如迷你厨房美食视频，这类视频就是利用了视觉反差，将具象物体的实际尺寸反差化，在带来视觉冲击感的同时，也让观众觉得有趣，如图 1-27 所示为迷你厨房美食视频画面。

图 1-27　迷你厨房美食视频

◆ **意外性反差：** 意外性反差是剧情类短视频比较常用的反差手法，一般是在剧情中加入意想不到的转折或结局，以增强戏剧性。意外性反差有多种呈现方式，要想实现好的效果，关键是要制造出与观众预期相悖的转折或结局，反差越强烈越能在短时间内调动观众的情绪。

◆ **观点反差：** 观点反差是通过表达不同的观点来吸引关注，比如在视频中展示对立的立场，或者针对某一话题发表不同的看法。观点反差很容易引发争议和讨论，但如果运用不当也可能带来负面效果。因此，在运用观点反差时需要保证所传递的价值观是正确的。

◆ **造型反差：** 对于真人出境类短视频来说，还可以在造型变化上营造反差感。抖音上的变装视频就是典型的运用造型来制造反差，造型反差也能给视觉带来冲击感，从而增加短视频的可看性，图 1-28 为变装短视频。

图 1-28　变装短视频

第2章

拍摄与剪辑制作优质短视频

　　确定好短视频的内容选题后，还需要通过拍摄将视频内容呈现出来。剪辑则是将拍摄得到的视频素材，通过筛选、分解与组接形成一个连贯流畅、主题鲜明的作品。

掌握短视频拍摄的手法

拍摄短视频前的设置
短视频拍摄运镜技巧
如何提高短视频拍摄质量

提升画面美感的技巧

用光线提高视频质感
构图让视频更有美感
与视频相符的布景设计
用色彩渲染视频画面

2.1 掌握短视频拍摄的手法

短视频不同于静态画面，它是由连续的静态图片组成的，想要拍摄出高质量的短视频，还要学会动态镜头的表现方式，并运用合适的拍摄手法呈现出想要的视频效果。

2.1.1 拍摄短视频前的设置

不管是使用手机还是相机拍摄短视频，在拍摄前都要设置好帧速率、分辨率和画面比例，这会影响视频的观看体验和质量。

（1）帧速率

帧速率是指每秒钟图像的帧数，一帧就是一副静止的画面，连续的帧就可以形成动态画面。帧速率会影响视频的流畅度和连贯性，常见的帧速率有24帧/秒、30帧/秒、帧/秒。通常来说，帧速率越高，视频流畅度越好，但是过高的帧速率会导致视频文件变得非常大，给播放设备带来运行负担，反而会使视频在播放时出现卡顿或播放不流畅等问题。因此，帧速率并不是越高越好，还要考虑视频的应用场景，保证良好的观看体验。

一般情况下，拍摄短视频选择30帧/秒的帧率就可以得到流畅的视频了，同时也不会占用过多的存储空间。但如果要拍摄快速运动的镜头，如极限运动、跳跃、追逐等，就可以考虑60帧/秒的帧率，因为每秒60帧可以显示更复杂的细节。在拍摄视频之前，最好确定并设定好帧速率，以保证得到的素材帧速率是一致的，也方便后期剪辑。

（2）视频分辨率

视频分辨率是影响画面清晰度的重要参数，常见的分辨率有720p、1080p、4K等，分辨率越低视频的清晰度越低。高清视频能够提升用户的观看体验，特别是美食、旅游、美妆等短视频，更需要清楚的画面来展现细节和色彩。在拍摄短视频一般选择1080p的分辨率较好，虽然分辨率越高，视频也就越清晰，但还要考虑制作成本以及短视频平台是否支持超高分辨率，部分短视频平台在上传视频时，超过 2K 分辨率的视频会被严重压缩，效果反而大打折扣。以手机拍摄视频为例，一般可在拍摄界面设置视频帧率和分辨率，如图 2-1 所示。

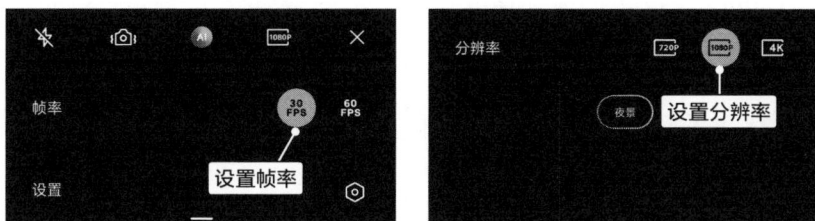

图 2-1　设定视频帧率和分辨率

（3）画面比例

画面比例是指影像的宽高比例，视频常见的画面比例有 16:9、4:3 和 9:16。在拍摄短视频时需要考虑用横屏还是竖屏方式呈现，两种呈现方式各有优势，具体要根据视频内容来选择。如果视频内容偏重于表现人物和细节，那么竖屏拍摄较好；如果更偏重于表现场景，或者要呈现的内容比较丰富，那么横屏拍摄效果会更好。

2.1.2　短视频拍摄运镜技巧

运镜是通过镜头自身的运动来让画面更具动感的一种拍摄手法，可以帮助我们拍出更出彩吸睛的短视频，下面介绍几种常用的运镜技巧。

◆　推镜头

推镜头可以从远到近突出主体，使视觉聚焦，在拍摄对象位置不变的情况下，逐渐缓慢或急速的推进镜头，景别会随之发生变化，由远景、全景、中景、近景到特写，如图 2-2 所示为推镜头示意图。

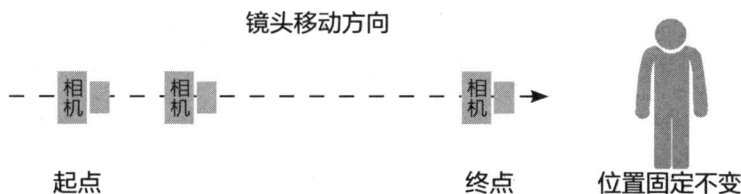

图 2-2　推镜头示意图

◆ 拉镜头

拉镜头可以交代场景画面，取景范围由小变大，逐渐将背景场景纳入画面，运镜手法是让摄像机逐渐远离被拍摄对象。拉镜头可用于表现局部到整体的变化，能够提醒观众注意人物所处的环境，如图2-3所示为拉镜头示意图。

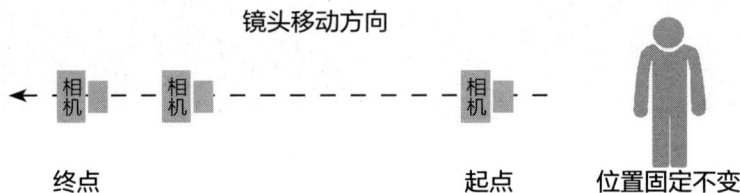

图 2-3　拉镜头示意图

◆ 摇镜头

摇镜头可以展现人与物之间的关系，根据摇动的方向可分为左右横摇和上下直摇，要表现大场景时常用左右横摇法，要表现雄伟、险峻时常用上下直摇法。摇镜头类似于人们左右、上下转动头部看到的景象，拍摄时摄影机本身不动，借助于活动底盘使镜头摇动，如图2-4所示为摇镜头示意图。

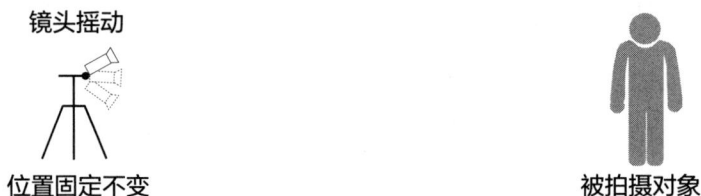

图 2-4　摇镜头示意图

◆ 移镜头

移镜头是指移动镜头，类似人们边走边看的状态，这种运镜手法可以使背景始终处于变动状态，不会让画面觉得枯燥，能带来很强的动感。拍摄时为了保证画面不抖动，常常需要借助运载工具来帮助控制相机移动，如将摄像机安放在移动轨或滑轮上，在水平方向，按一定的运动轨迹进行的运动拍摄，如图2-5所示为移镜头示意图。

图 2-5　移镜头示意图

◆ 跟镜头

跟镜头是指跟踪运动着的被摄对象进行拍摄，具有第一人称视感。跟镜头与移镜头的运镜手法有一定的相似之处，不同之处在于跟镜头有明确的被拍摄主体，移镜头往往没有明确的被摄主体，如图 2-6 所示为跟镜头示意图。

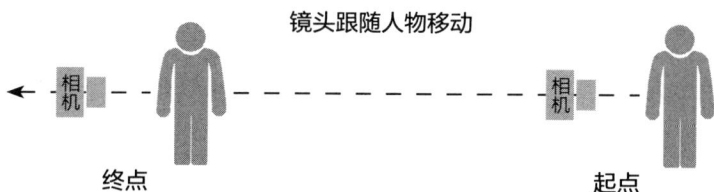

图 2-6　跟镜头示意图

◆ 环绕镜头

环绕镜头是指以被拍摄主体为中心环绕点，机位围绕主体进行环绕运镜拍摄，这种运镜方式可以充分展示人物的外貌、动作和情绪，还能够营造独特的艺术氛围，如图 2-7 所示为环绕镜头示意图。

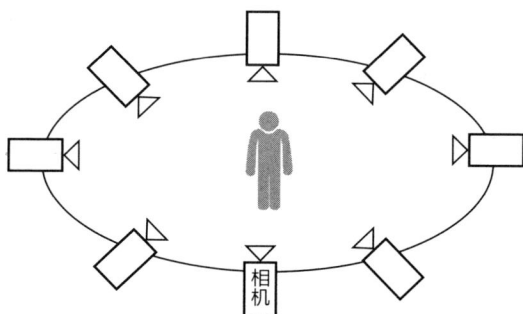

图 2-7　环绕镜头示意图

2.1.3 如何提高短视频拍摄质量

拍出来的视频模糊不清、主体暗淡是短视频拍摄比较常遇到的问题，在具体拍摄时，可以运用以下方法来提高视频的成像质量。

（1）选好摄影设备

要拍摄出高质量的短视频，选好设备是基础。常用的视频拍摄设备有手机、单反相机、运动相机、无人机等。手机的优点在于携带方便、价格实惠、操作简单，很适合日常短视频拍摄和即时分享，但手机的成像画质比起专业的相机还是有一定差距，特别是在弱光环境下，很容易出现噪点。因此，在使用手机拍摄视频时，最好选择光线好的环境，以保证成像质量。

单反相机拍摄画质好，可更换的镜头种类多，但价格相对昂贵，操作难度比手机要高。如果短视频需要更好的画质，有更专业的拍摄需求，那么相机会是更好的选择。

运动相机外观小巧、方便携带，有强大的防水、防尘、防摔能力，适合拍摄运动场景，比如在滑雪、游泳、潜水、骑行等环境下实现拍摄。无人机为航拍摄影提供了方便，能以高空俯视视角展现独特的风景，很多旅游类短视频博主都会使用无人机作为拍摄设备。

（2）使用稳定设备

拍摄短视频很多时候都需要移动镜头，镜头的晃动很容易导致画面模糊，为改善设备晃动对成像效果带来的影响，可以借助稳定设备来进行拍摄。使用广泛的稳定设备有三脚架和稳定器。

三脚架：用来稳定摄影设备的一种支撑架，如果要长时间拍摄一个镜头，为保证画面平稳流畅，就可以借助三脚架来实现。市场上销售的三脚架种类繁多，可根据使用场景来选择。如果拍摄场景多在户外，考虑到便携性和角度调节的需要，可以选择材质轻、易收纳、带云台的三脚架；如果拍摄场景多为室内或者影棚内，那么就不用考虑便携性，只需选择稳定性强的三脚架即可，通常桌面三脚架、落地三脚架就能满足需求。

稳定器： 能够在拍摄过程中有效减少手抖等不稳定因素，从而提高拍摄的质量。在选择稳定器时要考虑适用的机型，有适用手机、中小型相机、大型相机的稳定器，可根据需要选择，如图 2-8 所示为三脚架和稳定器。

图 2-8 三脚架和稳定器

（3）提高收音质量

声音也是视频的重要组成部分，收音质量决定了视频内容能否准确传达给观众。适用拍摄设备自带的话筒进行收音是比较省钱的一种方式，但如果拍摄环境较为嘈杂，或者人与镜头的位置并不固定时，就会出现声音不清晰或忽大忽小等问题。对于短视频创作者来说，要保证视频的整体质量，就不能忽视声音。常用的收音设备有领夹麦克风、指向性麦克风、专业录音设备等。

领夹麦克风体积小、重量轻、不受距离限制；指向性麦克风能够在环境中拾取单一声源，但有距离的限制，要尽可能拉近主讲人和麦克风的距离；专业录音设备录制的声音质量好，但价格高，适合对声音要求比较高视频创作者，如图 2-9 所示为领夹麦克风和指向性麦克风。

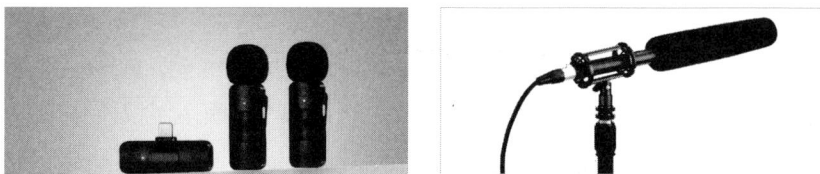

图 2-9 领夹麦克风和指向性麦克风

TIPS *手机拍摄视频如何提高画面质量*

拍摄前检查手机镜头，看是否有污渍。可在录制视频前拍摄一张照片，看画面中是否有污点、手印痕迹等，若镜头有污渍需擦拭干净后再拍摄。正式拍摄前调整好参数，包括分辨率、帧率和画幅比例，如果手机有防抖功能，可开启防抖功能，以提高成像画质。根据拍摄的需要，可借助稳定器、补光灯、打光板来提增强拍摄效果。

2.2 提升画面美感的技巧

人们都喜欢美的东西，画质清晰、画面美观的短视频自然会赢得观众的青睐。要让短视频给观众带来良好的观感，在拍摄时还要学会运用一些方法和技巧来提升画面氛围和美感。

2.2.1 用光线提高视频质感

摄影是用光的艺术，拍摄视频时，如果光线运用得当会大大提高画面质感。在摄影中，按照光源位置与拍摄方向所形成角度，将光线分为顺光、逆光、侧逆光、侧光等几类。

顺光：又称为正面光，光线照射的方向与拍摄的方向一致。顺光能使被拍摄主体受光均匀，没有明显的明暗反差，可以比较全面地展现物体的外貌特征、色彩等，缺点是不利于表现物体的质感、立体感。

逆光：又称为背面光，光线照射的方向与拍摄方向相反。逆光能够勾画出物体的轮廓，因此，也被称为轮廓光。逆光可以增强画面的艺术氛围以及物体的质感，常见的剪影效果照片就是逆光拍摄，逆光又可分为正逆光和侧逆光两种。

侧光：光线照射的方向与拍摄方向成 45° 左右时，为 45° 前侧光；光线照射的方向与拍摄方向成 90° 左右时，为 90° 侧光。45° 侧光符合人们日常的视觉习惯，能够形成影调对比，使画面富有层次感。90° 逆光可以很好地表现物体的立体感和质感，物体的纹理也会比较清晰。侧光兼具顺光和逆光的特点，在使用该光线角度时要注意光面与阴影的比例关系。如图 2-10 所示为顺光、逆光和侧光示意图。

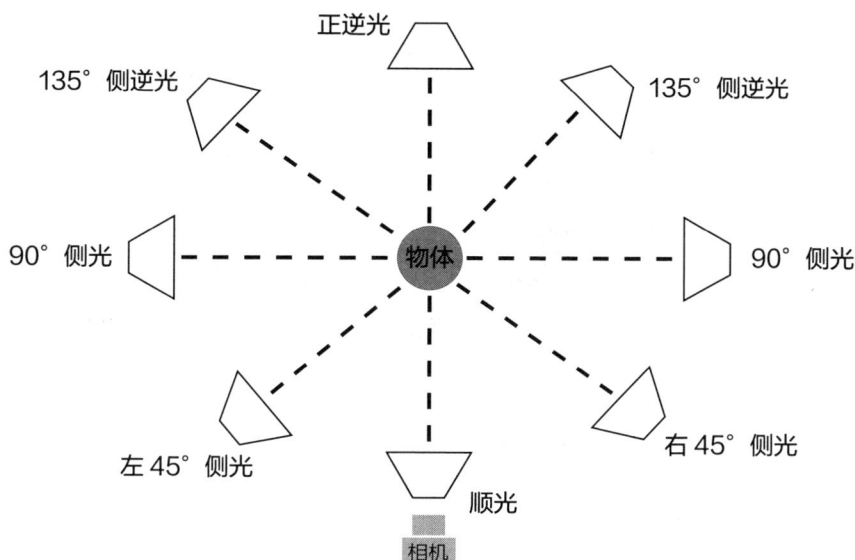

图中标注：

正逆光

135° 侧逆光　　　　135° 侧逆光

90° 侧光　　物体　　90° 侧光

左 45° 侧光　　　　右 45° 侧光

顺光

相机

图 2-10　顺光、逆光和侧光示意图

除以上几种光线角度外，还有顶光和脚光。顶光是指来自被拍摄物体顶部的光线，脚光是指来自被拍摄物体下方的光线。顶光可以营造危险、神秘的画面效果，常常作为辅助光源使用，单独使用时容易导致物体缺乏中间层次，自然界中正午的阳光就是典型的顶光。脚光可以呈现深黑色背景，常常用来刻画特殊情绪，如阴森、恐怖的氛围。

不同的光线能带来不同的效果，实际进行视频拍摄时要根据现场环境来合理控制光源和布置灯光。以室内拍摄视频为例，下面介绍几种常见的布光方式。

◆ **两灯布光**：使用两盏灯进行布光，一盏为主灯，另一站为辅助灯。相比单灯布光，这种布光手法能帮助摄影师更好地控制光线，让画面更具层次感。

◆ **三灯布光**：使用一盏主灯，两盏辅助灯进行布光，这种布光手法可以让被拍摄物体层次丰富，立体感更强。

◆ **四灯布光**：使用一盏主灯，两盏辅助灯，一盏其他光效进行布光，比如环境光、轮廓光等，四灯布光能有更多变化，可根据内容需要来营造不同的艺术气氛。

摄影布光具有很强的灵活性，拍摄时可能需要反复调整布光才能得到理想的效果，如图 2-11 所示为两灯布光、三灯布光、四灯布光示意图。

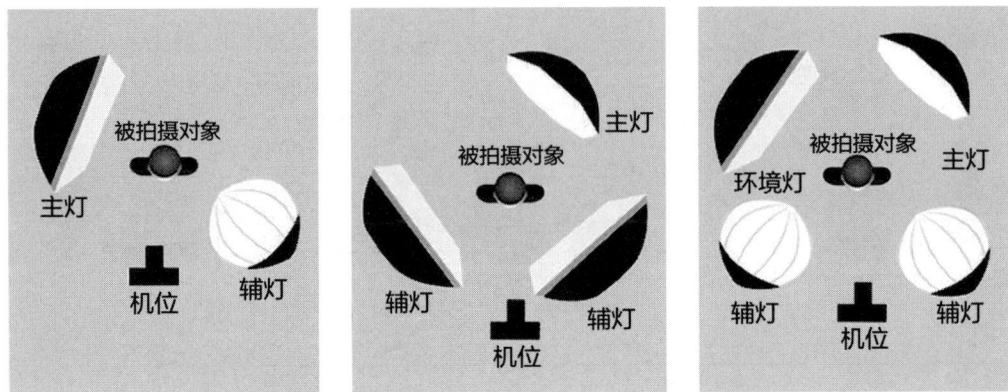

图 2-11　两灯布光、三灯布光、四灯布光示意图

2.2.2　构图让视频更有美感

镜头中所展现的画面范围是有限的，构图就是决定将哪些景物放进画面中，并决定如何安排这些景物的关系和位置。构图的方式有多种，同一场景采用不同的构图可以呈现不同的视觉效果。好的构图可以增加画面的美感，初期拍摄视频时，可以参考以下几种方式来构图，等到有了一定的视频拍摄经验后，再根据自身构思来灵活设计构图。

（1）水平线构图法

水平线构图是指将水平线作为引导线来构图，这种构图方式可以让画面显得平衡、稳定、和谐。根据水平线的位置可分为低水平线构图、中水平线构图和高水平线构图。如图 2-12 所示为水平线构图示意图。

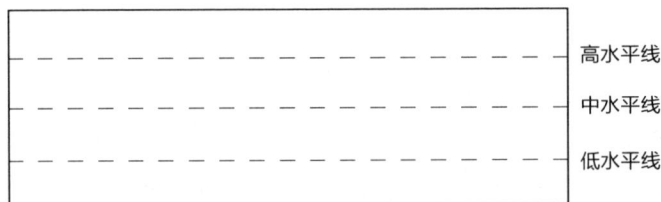

图 2-12　水平线构图示意图

拍摄蓝天白云、湖光山色等风景类短视频时，常常会运用水平线构图法。拍摄视频时，需要让水平线保持水平，然后根据画面表现将水平线安排在合理位置，如上下三分线上。

（2）中心构图法

不管是竖屏视频，还是横屏视频都可以采用这种构图方法。中心构图法就是将主体放在画面的视觉中心，这种构图方式很能突出主体，能让视线聚焦于被摄主体，竖屏短视频常采用这种构图方式，如图 2-13 所示。

图 2-13　中心构图法

（3）九宫格构图

九宫格构图又被称为井字构图法，是指将画面等分为 9 个方格，此时在画面中会产生 4 个交叉点，这 4 个点又被称为趣味点。拍摄时可将主体放在任意趣味点上，这种构图方式既可以凸显主体，又能避免画面看起来过于呆板。

使用九宫格构图法拍摄视频时，可以先打开手机或相机的九宫格辅助线，然后将拍摄设备安装在稳定器上，再使用移镜头运镜手法平稳地跟随主体移动，这样就能让主体始终位于九宫格的趣味点上。图 2-14 左为九宫格辅助线，图 2-14 右为采用构图法拍摄的画面。

图 2-14　九宫格构图法

（4）框架式构图

框架式构图比较好理解，就是利用框架作为前景，让主体影像置于框架内。这种构图方式可以把观众的注意力集中于框架内的主体上，同时还能营造神秘氛围。运用框架式构图要善于寻找合适的框架，窗框、门缝、栏杆等都可以作为框架，当框架式构图与推、拉镜头结合起来运用时，还能让画面具有纵深感，如图 2-15 所示为框架式构图法的运用。

图 2-15　框架式构图法

除以上一些构图方法外，短视频拍摄还会用到其他构图方法，如引导线构图、S 曲线构图、对称式构图、三角形构图等，摄影师要根据视频内容灵活运用。

2.2.3　与视频相符的布景设计

好的布景也能够提高短视频的整体品质，情景搭配和谐的短视频，更能让观众有代入感，引起强烈的共鸣。视频内容题材不同，场景的布置也会不同。口播评测类、真人颜值类短视频的布景相对会比较简单，一般选择室内进行拍摄，只需保证背景干净整洁，看起来美观即可。如果没有合适的背景，还可以通过搭建背景布来实现布景。背景布的尺寸可以根据室内空间定制，且有多种场景图案可供选择，如纯色、室内写真等，如图2-16所示为背景布。

图2-16　背景布

如果短视频的拍摄场景是在室外，则背景的布置会相对复杂一些，有时还需要根据剧情需要来搭建实景。但是，不管拍摄何种题材的视频，布景的原则都是共通的，就是要让布景与视频整体风格调性、内容题材相符合。

布景过程中有时还需要使用装饰道具来装饰背景空间，选择装饰道具时要注意以下两点，一是装饰道具不能过于抢眼；二是装饰道具的风格要与背景搭配协调。如图2-17所示为仿真草坪、仿真冰块、几何体装饰道具。

图2-17　仿真装饰道具

2.2.4　用色彩渲染视频画面

色彩是最具表现力的视觉元素，不同的色彩可以给人带来不同的心理感受，如白色给人洁雅、安静的视觉感受；红色给人热情、活力的视觉感受；蓝色给人凉爽、寒冷的视觉感受。

在短视频创作过程中，常常会运用色彩来渲染画面，刻画人物情绪及情节氛围，升华内容主题。比如在表现悲伤情绪时，可以用冷色调来营造压抑感；要表现欢快情绪时，可以用暖色调来营造喜悦感。借助色彩的艺术价值和隐喻功能，可以帮助我们提高短视频的表现力和感染力。那么在短视频创作过程中要如何利用好色彩呢？

（1）利用色彩对比

在短视频中，色彩可能由环境色彩、主体色彩、道具色彩等构成，摄影师可以利用色彩之间的对比来突出主体，让画面更有层次。比如在拍摄雪景视频时，很多时候会让模特穿红色的衣服，这就是利用了色彩的对比作用，让白色的雪来衬托主体人物。色彩的对比包括明暗对比、冷暖对比、深浅对比等，色彩对比能让画面生动、主题鲜明如图 2-18 所示为色彩对比的运用。

图 2-18　色彩对比的运用

（2）利用色彩搭配

色彩的搭配要在视觉上讲究和谐性，包括背景色彩搭配的协调、人物衣着服装色彩的协调、字体色彩搭配的协调等，如果视频中模特的服装色彩是五颜六色的，背景色彩也杂乱无章，就会让画面色彩显得过于混乱，无法有效突出主体。良好的色彩搭配能够提高视频的视觉效果，还可以打造独特的视频风格，如日系风格、黑白色调等。很多短视频的封面设计也很注重色彩的搭配，通过采用统一的色彩搭配手法来让封面看起来风格统一，比如邻近色搭配、对比色搭配等。

（3）利用拍摄滤镜

在拍摄短视频时，还可以利用滤镜来对视频进行色彩渲染。以剪映为例，剪映 App 的"效果"中提供了很多色彩滤镜，拍摄时可以直接应用这些滤镜，以让视频色彩看起来更好看，如图 2-19 所示为应用剪映"冬日早餐"滤镜和无滤镜的画面效果，可以看出色彩上的差别，左图的美食看起来更加有食欲。

图 2-19　"冬日早餐"滤镜画面效果对比

（4）利用拍摄滤镜

调色是视频剪辑师必不可少的技能之一，如果视频色彩效果不佳，还可以通过后期来校正色彩，或者通过调色来烘托画面情绪氛围。如果视频前期拍摄时曝光过度或者曝光不足，这时就可以利用后期来对曝光进行修正，使画面看起来自然协调，如何对视频进行调色，将在后面进行讲解。

2.3　对视频进行后期剪辑

剪辑是将拍摄的视频进行后期处理的过程。视频剪辑并不是简单的剪切，而是要根据内容需要取精去粕，让视频结构严谨、节奏鲜明。合理、巧妙的剪辑可以增强视频的表现力和感染力，错误的剪辑则会让观众感到内容错乱，甚至摧毁整个视频。

2.3.1　高效剪辑短视频

视频的剪辑可以分 4 步来操作，按流程来剪辑可以提高剪辑的效率，包括建立素材文件夹、粗剪视频、优化剪辑和导出视频，见表 2-1。

表 2-1　高效剪辑视频的流程

流程	详细步骤
建立素材文件夹	在开始剪辑之前先准备好所有需要使用的素材，包括视频素材、图片素材、声音素材等，然后建立素材文件夹，将素材分门别类地放入不同的文件夹中，方便剪辑时使用
粗剪视频	粗剪就是粗略的剪辑，主要工作是根据剪辑思路和故事节奏排列组合视频素材，形成视频"雏形"。粗剪时剪辑师需要仔细分析脚本文案，按照设计的顺序进行素材的组接，粗剪的主要目的是构建整个视频的结构，因此不必对视频做很细致的调整
优化剪辑	优化剪辑实际上是精剪的过程，这一步需要对视频的细节进行调整。剪辑师需要从头浏览视频，删除镜头中不必要的画面，并对视频的时长、色彩、配音、字幕、特效等进行处理。精剪的工作量相对较大，且需要剪辑师足够细致
导出视频	整体浏览视频，确认不需要再做调整后，就可以导出视频了，导出视频时注意分辨率、视频格式等的选择

短视频剪辑工具有很多，如剪映、快影、必剪等手机剪辑软件，以及 Adobe Premiere Pro、Final Cut Pro 等专业的视频剪辑软件。对于零基础的剪辑初学者来说，可以先从简单易于操作的软件开始使用。

剪映很适合刚接触剪辑的视频创作者，对于手机拍摄的短视频，通过剪映进行剪辑是很方便快捷的，并且可以同步发布到抖音，下面来看看如何使用剪映App 快速剪辑短视频。

实例分析
使用剪映快速剪辑短视频

打开剪映 App，在"剪辑"页面点击"开始创作"按钮，在打开的手机相册中选择素材，如图 2-20 所示。

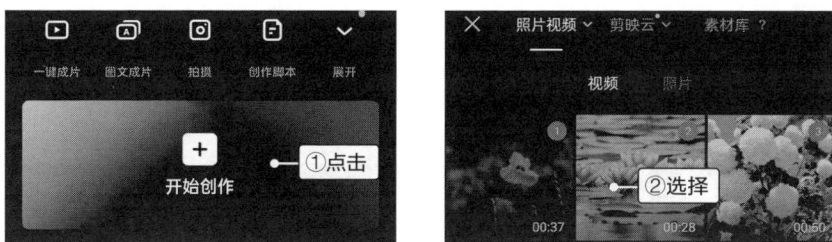

图 2-20　选择素材

在页面下方点击"添加"按钮，进入剪辑页面后可以看到剪映提供剪辑功能，如剪辑、音频、文字、画中画等，这里将时间线定位在需要剪辑的位置，点击"剪辑"按钮，如图 2-21 所示。

图 2-21　进入剪辑页面

点击"分割"按钮分割素材，选中要删除的素材片段，点击"删除"按钮将其删除，如图 2-22 所示。

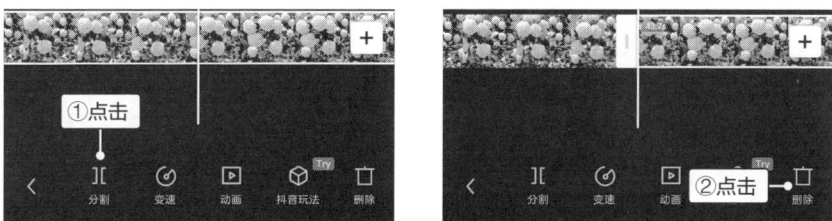

图 2-22　删除素材片段

点击"音频"按钮可进入声音编辑页面，可添加音乐、音效、提取音乐等，这里点击"音乐"按钮，如图 2-23 所示。

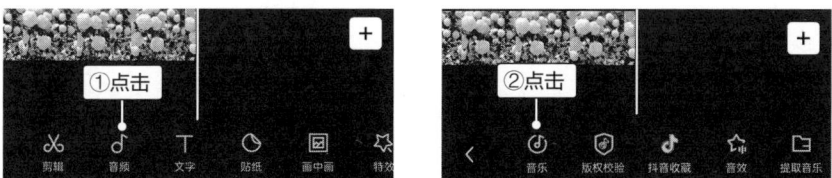

图 2-23　进入音乐编辑页面

在打开的页面中可以看到剪映推荐的音乐，这里点击"导入音乐／本地音乐"按钮，点击"使用"按钮导入本地音乐。返回剪辑页面，选中音乐素材，拖动调整位置，如图 2-24 所示。

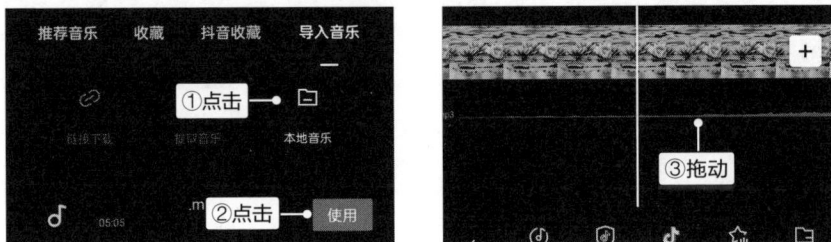

图 2-24　导入音乐素材

拖动音乐素材尾部可调整时长，根据需要还可以添加字幕、特效等，完成剪辑后点击"导出"按钮导出视频，如图 2-25 所示。

图 2-25　导出视频

2.3.2　转场让镜头衔接更自然

转场是指视频场景的过渡，是两个镜头之间的衔接方法，无论是横屏视频还是竖屏视频，要给观众良好的观感，都需要让转场自然。转场的方式主要有两种，一是无技巧转场，是指利用镜头语言进行转场；二是技巧转场，是指利用后期技巧来实现转场。技巧转场在视频编辑中很常用，它能够让两个视频衔接更自然，使视频整体看起来更流畅。在剪辑短视频的过程中，可根据内容需要来灵活设计转场。技巧转场的方式多种多样，短视频中比较常用的转场方式有淡入淡出、叠化、模糊变清晰等，下面以剪映为例，来看看如何为视频添加转场效果。

实例分析

在剪映中为两段视频添加转场

打开剪映 App，添加视频素材，点击两段视频中的"转场"按钮，在打开的页面中可以看到剪映提供的转场效果，选择合适的转场，拖动圆形滑块设置转场时长，点击"√"按钮，如图 2-26 所示。

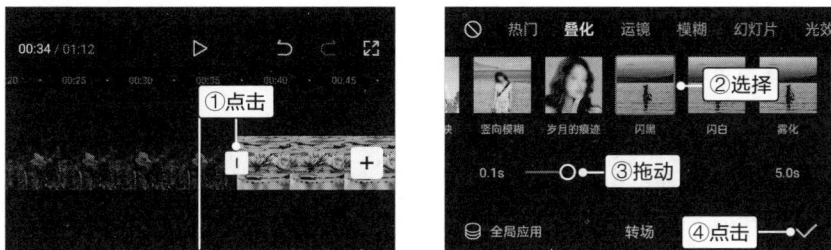

图 2-26　为素材添加转场

若要为全部素材添加相同的转场效果，可点击"全局应用"按钮，点击"▷"按钮播放视频，预览转场效果，如图 2-27 所示。

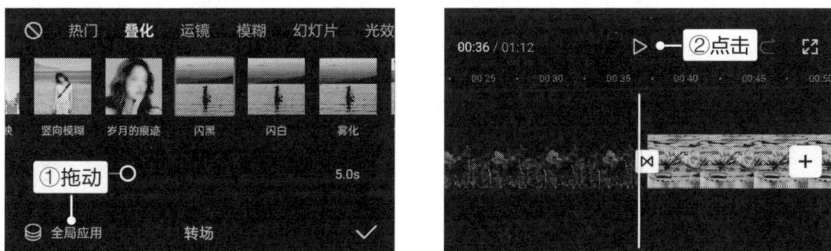

图 2-27　预览转场效果

2.3.3　让视频生动有趣的特效和贴纸

在视频后期处理中可以适当运用特效或贴纸让短视频画面更加丰富，从而吸引更多用户观看。

◆　特效：是一种特殊的视觉效果，能够让短视频更具有吸引力。

◆　贴纸：是一种装饰元素，可以让视频更加生动有趣，能够提高视频的互动性。

简单的特效、贴纸运用可以使用短视频 App 以及手机剪辑软件自带的特效和贴纸，如果要制作创意特效效果，就需要使用专业的视频剪辑软件。下面以剪映为例，来看看如何为视频添加特效和贴纸。

实例分析

为视频添加镜头变焦特效和点赞贴纸

进入剪映App视频剪辑页面，将时间线定位在需要添加特效的素材位置，点击"特效"按钮，在打开的页面中点击"画面特效"按钮，如图2-28所示。

图2-28　编辑特效

选择合适的特效效果，这里选择"镜头变焦"效果，点击"调整参数"按钮，在打开的下拉列表中调整变焦速度和放大参数，点击"√"按钮。返回剪辑页面，点击"贴纸"按钮，如图2-29所示。

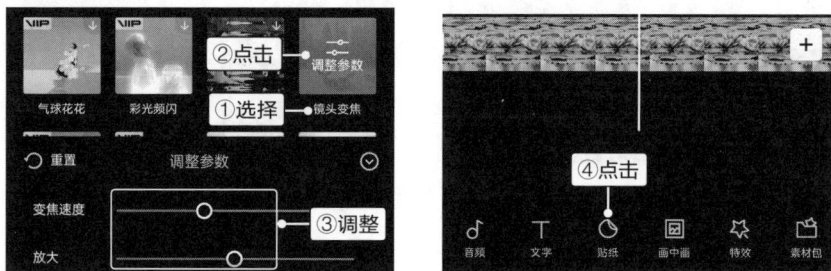

图2-29　应用特效效果

在打开的页面中选择贴纸效果，这里选择"点赞"贴纸。在预览窗口调整贴纸位置和大小，点击"√"按钮，如图2-30所示。

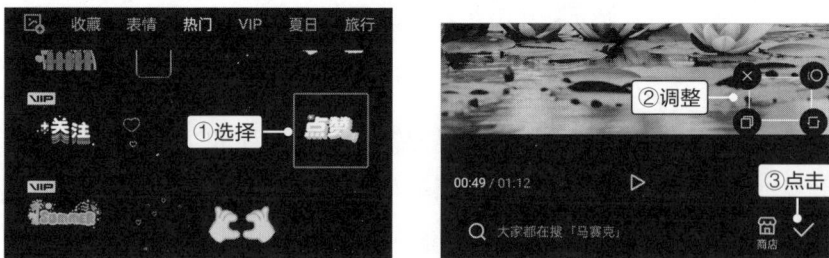

图2-30　应用贴纸效果

2.3.4 后期剪辑中的字幕设计

字幕是视频的重要组成部分，具有强化信息传达的准确性，减少听觉误差的作用，我们可以运用字幕来增强短视频的讲述性、突出关键信息。字幕会呈现在视频画面中，因此字幕的设计也需要注重视觉体验，为视频添加字幕时要把握以下几点。

准确性：字幕出现的时间和呈现的内容要与视频台词对应，尽量避免出现人声台词与字幕出现的时间错位的情况，不要出现错别字、漏字、多字等情况。

可读性：在制作字幕的过程中要注意字幕的样式、位置、颜色和大小，应避免字幕遮挡视频中的重要内容，尽量做到协调美观、易于识读，如图 2-31 所示。

图 2-31　短视频中的字幕

针对有人声台词的视频，可以使用剪映自动将语音转为文字，以减少字幕编辑的工作量。

实例分析

语音转文字快速添加字幕

在剪映 App 中导入有人声台词的视频素材，在剪辑页面点击"文字"按钮，点击"识别字幕"按钮，如图 2-32 所示。

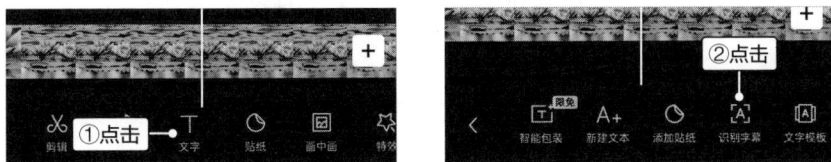

图 2-32　进入文字编辑页面

在弹出的下拉列表中点击"开始匹配"按钮，系统自动识别并匹配字幕，选中要编辑的字幕，点击"编辑"按钮，如图2-33所示。

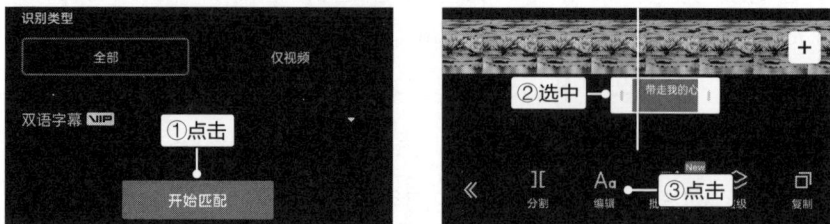

图2-33　自动识别字幕

在打开的页面中可设置字幕字体、样式、动画等，在预览窗口可调整字幕显示位置和大小，完成字幕编辑后点击"√"按钮退出字幕编辑页面，如图2-34所示。

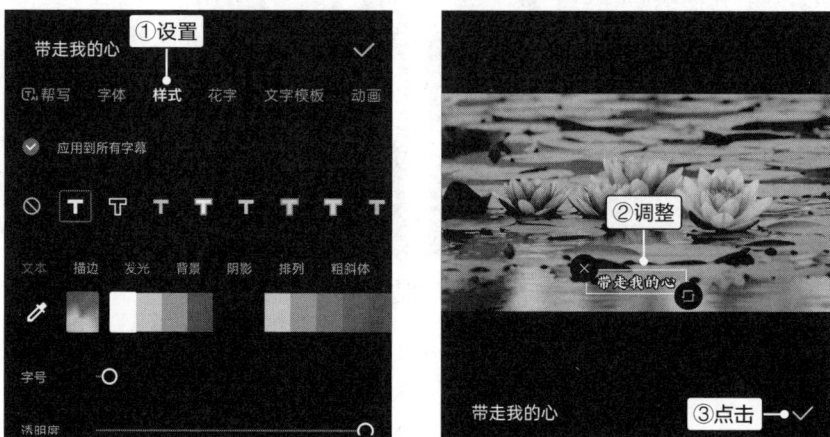

图2-34　设置字幕样式

在对字幕样式进行编辑时，如果背景颜色较亮，字幕颜色可以使用深色，反之，暗色背景可以使用浅色字幕。说明式字幕一般放在视频底部中心位置，强调重点、提供注解的字幕可以放在其他合适的位置，如视频左侧、顶部等。字幕大小需要考虑阅读体验，不宜过小，要保证能够看清楚文字内容。

第 3 章

做好发布与投放有效提高点击量

　　短视频的发布与投放看似很简单，但实际上，发布时输入的文案、封面的设计、发布时间的选择都会影响作品的播放量、点赞量，对视频发布细节的处理往往决定了作品最终的效果，这是每一位运营者都不能忽视的环节。

账号包装，做好视频账号设计

短视频账号如何包装
账号背景墙的设计

巧取标题，写出吸引点击的文案

10种高点击短视频标题
筛选合适的标题关键词
提高编写标题的效率
标题取名的禁忌事项

3.1 账号包装，做好视频账号设计

在发布第一条短视频之前，首先要做好账号包装这件事。包装就是对账号主页进行美化，使账号给新粉丝留下良好的印象，这对提高短视频账号的吸引力、增加关注概率、营销推广都有重要的辅助作用。

3.1.1 短视频账号如何包装

既然账号包装这么重要，那要如何包装呢？可以账号名称、账号头像、账号简介、账号背景墙 4 个方面入手。

（1）账号名称

账号名相当于我们的社交名片，一旦确定最好不要轻易更换，尤其是账号做大做强之后，在视频平台注册账号时要想好账号名后再操作。短视频账号取名要注意以下要点。

◆ 平台的限制

视频平台对账号名字的长度有字数限制，如微博对账号名的要求是 4 ~ 30 个字符，支持中英文、数字；抖音对账号的要求是 4 ~ 20 个字符，支持中英文、数字。一般来说，不建议取太长的名字。

◆ 记忆和传播

好的短视频账号名应具有 3 个特点，好记忆、好理解和好传播。好记忆的账号名能让用户在短时间内就记住我们；好理解的账号可以降低用户识别账号的难度；好传播的账号更利于在新媒体平台上进行推广。

◆ 符合账号定位

短视频账号名最好与账号定位是一致的，比如我们是做美食领域的，那么账号名应体现这一领域的特点，这样可以有助于圈定特定群体，让用户看到账号名就能立马知道账号所属的领域。通常情况下，在账号名中带上目标领域相关关键词，就能很直接地表明账号聚焦的领域以及内容范畴，如 ×× 教做菜、×× 料理、干饭 ×× 等。

为了便于后期打造个人品牌，也可以采用人格化的取名法，让账号名具有人格化特征，如以艺名作为账号名，或者让账号名拟人化。人格化命名能让账号名更有个性，更具鲜活感，也容易让人过目难忘，比如××大叔、××先生、××同学等，这类命名都具有典型的人格化特征。

职业昵称也是人格化命名的一种方式，这样可以让用户觉得我们是真实存在的人，为账号添加亲近感，同时也能吸引同一职业或者对该职业有兴趣的粉丝，如××健身教练、化妆师××、设计师××等。

如果短视频账号定位于专业内容的输出，那么账号名可以体现这一特点，让账号名具备某个领域的专业度，专业度能够提高粉丝对我们的信任。再结合专业内容的输出，会进一步加强粉丝与我们之间的关系，树立权威，如皮肤科教授××、××说车等。除以上一些取名方式外，谐音命名、数字命名、趣味命名也是一种取名思路。

TIPS 账号名禁忌

　　短视频账号名不能含有敏感、暴力等词汇，另外，最好也不要使用偏僻字，会加大粉丝识别的难度。也不要与他人的账号名过于相近，如他人的账号名为A美食，我们的账号名为A美食，这样的账号名俗称为高仿号，不利于树立独特的账号形象。

（2）账号头像

账号头像对我们做短视频营销推广也很重要，在抖音、快手这样的短视频平台，用户在观看短视频时并不会看到账号名，第一眼看到的是头像，如图3-1所示。

图3-1　抖音短视频界面

头像是账号形象的一种体现，已成为辨认用户的标准。平台的社交属性越强，头像的作用就越高，比如微博、微信这样的新媒体平台，头像作为一种重要的标签，可以令账号更容易被识别和记忆。

短视频账号头像最好要具有很强的识别性，对于真人出境的短视频而言，可用真人照片作为头像，强化个人形象；企业类账号可使用品牌标识作为头像；萌宠类账号可选取一张宠物的照片作为头像。总之，头像要符合账号风格定位，且要让人产生好感，如潮流酷炫风、可爱呆萌风等。

头像作为一种视觉语言，在设置好后也不建议频繁更改，在选择账号头像时，还要避免以下误区。

◆ 使用恶心、低俗的照片作为头像。

◆ 以没有识别性的背景作为头像。

◆ 用模糊、不清晰的照片作为头像。

◆ 用各类二维码作为头像，如账号二维码。

◆ 以人像作为头像，但是人物很小，几乎看不清人脸。

（3）账号简介

在新媒体平台，账号基本设置包括头像、昵称、简介和背景，其中，简介所包含的文字信息最多，能让浏览者清晰了解账号的定位、风格以及价值。另外，简介还是一个"黄金广告位"，运营者可以利用简介做营销推广。在编辑账号简介时，可从以下几方面入手。

◆ 简单介绍账号的定位，告诉浏览者我能提供什么，以体现账号的价值。

◆ 介绍个人身份或成就，体现账号的专业性。

◆ 说明作品的内容方向，如穿搭、美食等。

◆ 介绍个人风格、标签，如贴心大姐姐，体现账号的人设。

◆ 商务合作推广，如写上合作邮箱、微信等。

账号简介应简洁易于理解，同时要突出账号特色，这样更容易让浏览者记住，不要使用生僻字，可用一些简单易懂的符号来替代部分文字信息，如图 3-2 所示为两种简介书写方式。

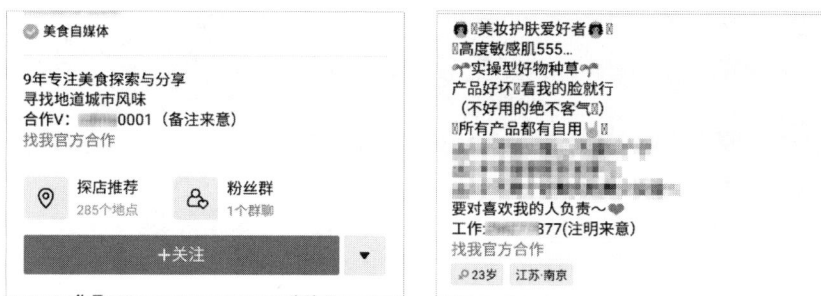

图 3-2　两种简介书写方式

TIPS 账号简介的更换

与账号名、账号头像不同，账号简介可以根据营销推广的需要来更换，比如近期有一场直播，为了给直播间带来更多人气，可以对账号简介进行修改，写上与直播有关的推广信息，帮助直播间引流。

（4）账号背景墙

部分短视频运营者在账号进行设置时，往往会忽略背景墙。背景墙实际上是个人主页的"门头"，好看的"门头"有助于吸引关注。背景墙的设计要注意以下 3 点。

◆　选用高质量的清晰图片，不要使用模糊的图片。

◆　注意背景墙的尺寸，确保重要信息能在背景墙展示。

◆　背景墙可用于打造个人形象，其风格要与账号定位一致。

3.1.2　账号背景墙的设计

账号背景墙的设计可以很个性化，主要原则是体现账号特点，给浏览者留下良好的印象，下面来看看几种常见的背景墙设计方式。

（1）真人出境

如果账号头像本身就是真人，那么背景墙也可用真人照片来打造个人形象 IP，加深个人形象在粉丝心中的印象，如图 3-3 所示。

图 3-3　真人出境式背景墙

（2）引导关注

背景墙可以设置为个性化的关注页，在图片中设计引导关注的图标或文案，可以促触发部分用户"点关注"的动作，如图 3-4 所示。

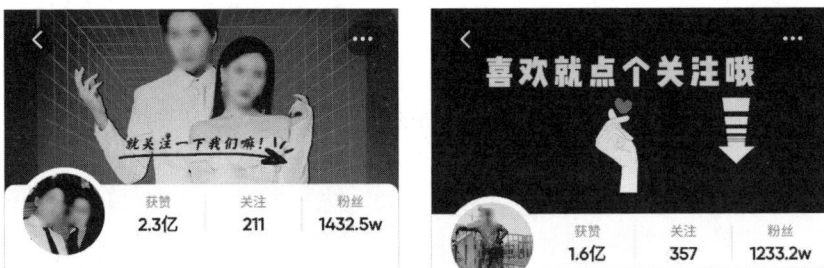

图 3-4　引导关注式背景墙

（3）账号名

把背景墙设计为账号名，用大字号文字来加深用户对账号名的记忆，并且可以简单介绍一下账号或人设，如图 3-5 所示。

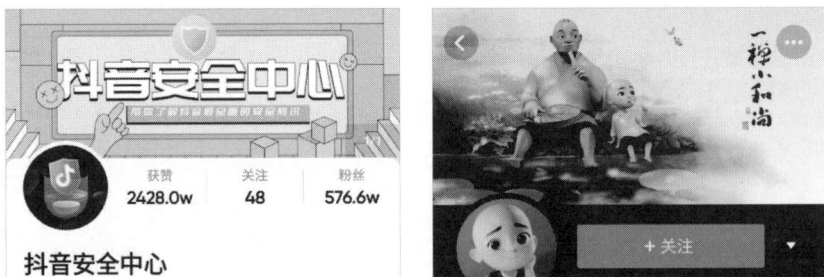

图 3-5　账号名式背景墙

（4）推广信息

背景墙与账号简介一样，可以根据运营需要来更换，如放上活动通知、直播预告、推广信息等，如图 3-6 所示。

图 3-6　推广信息式背景墙

3.2　巧取标题，写出吸引点击的文案

标题是影响短视频点击量的一个重要因素，有吸引力的标题不仅能调动浏览者观看短视频的兴趣，还能引起观众互动。短视频的标题需要在内容发布前就拟好，且标题要与短视频内容相关。

3.2.1　10 种高点击率短视频标题

短视频标题的书写方式有多种，对于运营新手来说，可以学习哪些高点击率的标题书写方法，见表 3-1。

表 3-1　10 种高点击率标题写法

类型	特点	示例
悬疑式标题	在标题中提出疑问或制造悬念，以引发浏览者的好奇	1. 老年机居然也能打王者，这是真的吗？ 2. 搞事铅笔动画：天上掉钱了，要不要捡起来

续表

类型	特点	示例
直接式标题	采用开门见山、直奔主题的写法，在标题中直接写明短视频内容的亮点或者主旨，让观众一眼就看出短视频所表达的内容	1. 斥巨资 1 200 块试吃！口感酥脆就是有点贵 2. 去苍山洱海边采了一筐玫瑰，酿出了一罐有独特香甜的玫瑰花酱
盘点式标题	短视频标题就是大量信息内容的提炼，具有归纳总结的特点，以盘点合集的方式来写标题，能够体现内容的精练与丰富	1.【××姐】16 种实用饺子包法 2. 盘点那些比恐龙更加可怕的史前生物 3. 盘点 8 个版本的钢铁侠
情感共鸣式标题	多用于情感、剧情类短视频中，通过亲情、友情、爱情等情感唤醒情绪，引发共鸣，可以在标题中营造场景，或者定位某一群体	1. 我愿意为你，变成更好的自己 2. 要过年了，你回家了吗 3. 陪伴是最长情的告白，这个七夕谁陪你过
直击痛点式标题	根据目标受众的痛点需求来撰写标题，标题上最好体现具体的痛点以及快速解决的办法，这样更能引起目标人群的点击	1. 新手不知道选啥车？记住三买三不买，照着这样做准不会错 2. 春节不长肉，宅家无设备运动健身操
故事式标题	在标题中简单描述一段故事，如情感故事、励志故事等，通过故事来吸引观众	1. 雪地火锅、凿冰捕鱼，零下 20 摄氏度长白山体验荒野生活 2. 正要开饭突然来朋友了，听说柚子熟了立马跑去摘
技巧技能式标题	适用于干货型短视频，在标题中体现给用户提供的帮助，常用的关键词有方法、技巧、必备等	1. 超简单的侧方停车，三分钟学会两种方法，驾校没教的停车技巧 2. 聪明父母的应急技巧，10 个有价值的育儿方法，学会对你有帮助
数字式标题	数字会带来视觉刺激，数字式标题就是在标题中强调数字，以此来吸引浏览者的眼球，一个标题中可以有多个数字	2021 年初合理装机方案！5 000 元预算的二手显卡配全新硬件
热点话题式标题	利用热点话题来取标题，标题中要带上具体的热点话题词，写标题时可以围绕相应的热点事件来写，也可以体现个人观点	1. 肚子很明显不是很开心 #心机之蛙，一直摸你肚子 2. 原来甘蔗还可以烤着吃 #感受海南的冬日风情，焦糖味的烤甘蔗，润肺止咳

续表

类型	特点	示例
反差对比式标题	以对比的手法来体现差异性，能给观众带来一定的心理冲击，如薪水、时间、身份上的对比等	1. 魔术 VS 超高速摄影机，能拍到破绽吗 2. 谈"90"后与"80"后的差异，以及创业需要靠什么

3.2.2　筛选合适的标题关键词

在新媒体平台，很多用户都会通过搜索的方式来查看自己想要观看的短视频内容，在标题中带入相关的关键词，可以帮助我们锁定这部分目标用户，实现更精准的视频营销，如图 3-7 所示为"回锅肉"关键词的搜索结果。

图 3-7　在短视频标题中带入关键词

从上图可以看出，搜索引擎会根据关键词相关度的高低来返回搜索结果，因此，在标题中植入合适的关键词，更容易实现精准营销。目标关键词是否准确会直接影响关键词营销的效果，选取关键词时要选择目标受众可能会搜索的词，包括以下几类关键词。

（1）核心内容词

体现短视频核心内容的词是标题中一定要带入的关键词，如短视频的内容是讲述摄影对焦的问题，那么"摄影""对焦"这两个关键词都可以放入标题中，既便于用户搜索又能体现视频核心内容。

（2）目标人群词

如果短视频的内容有特定的目标受众，那么在标题中也可以带入目标人群词，如"80"后、"90"后、新手、宝妈、铲屎官、家长等，同时也能够让标题直击目标人群，引起目标人群的注意，如以下一些标题。

爆笑：家长的噩梦之辅导作业，告诉你什么才是崩溃，都快笑晕了！

敏感性肌肤患者饮食注意事项有哪些？听医生一一例数。

在家里还安智能面容锁？走廊还有监控？老妈也太心机了吧？

（3）产品词

对于带货短视频而言，产品词也是比较重要的关键词，包括产品品牌、产品特性、产品属性等词汇，如要推广的商品是 T 恤，其材质是棉麻，那么就可以在标题中带入"棉麻 T 恤"这一关键词，如下所示为带货短视频的一些标题。

上过电视的火锅店，将火锅底料做成了袋装＃火锅底料＃麻辣鲜香＃好吃到爆＃一起吃火锅＃抖音双 11 好物节

关联商品：重庆老火锅底料

天气冷了不想做菜，整一锅卤味吃到爽，简单又方便。＃卤味＃家常菜

关键商品：秘制五香卤肉料包、卤料大全

卫生间要备个这样的＃地刷 可以一面刷地一面刮干，刷头边角缝隙可以清理干净＃地板刷

关联商品：地缝刷、浴室洗墙厕所瓷砖刷、硬毛地板刷

（4）话题词

在发布短视频时，还可以在标题中带上话题词。带上话题词后，当用户搜索某个话题，或者该话题上热门后，都有机会实现视频曝光。话题词要与短视频内容有相关性，比如短视频的内容是关于恋爱的，就可以在标题中带上"＃情侣""＃浪漫"等话题。

在标题中使用关键词时要注意 3 点，一是短视频标题有字数限制，写标题时不能堆砌关键词，这样会让标题显得臃肿，二是要注意关键词的精准性，不能强

行加一些热门但无关的关键词在标题中；三是使用关键词进行标题组合时要注意顺序和语句的通顺，核心主词要放在前面。

> **TIPS** 拟标题要明确简单
>
> 大多数人都是利用碎片化时间观看短视频，为了让观众在短时间内就能判断是否需要观看这条视频，标题应该简单易懂。另外，标题用语不宜过于官方，口语化、生活化的标题反而更能赢得受众的喜爱，注意不要使用低俗、暴力、危言耸听的标题。

3.2.3　提高撰写标题的效率

在撰写短视频标题时，还可以利用一些工具帮助运营者找到写标题的灵感，这里以易撰自媒体工具为例，来看看如何让标题创作更高效。

实例分析

使用自媒体工具找标题灵感

进入易撰官网，使用手机扫码登录，在自媒体库中可按来源、领域、类型、关键词来搜索标题，如图 3-8 所示。

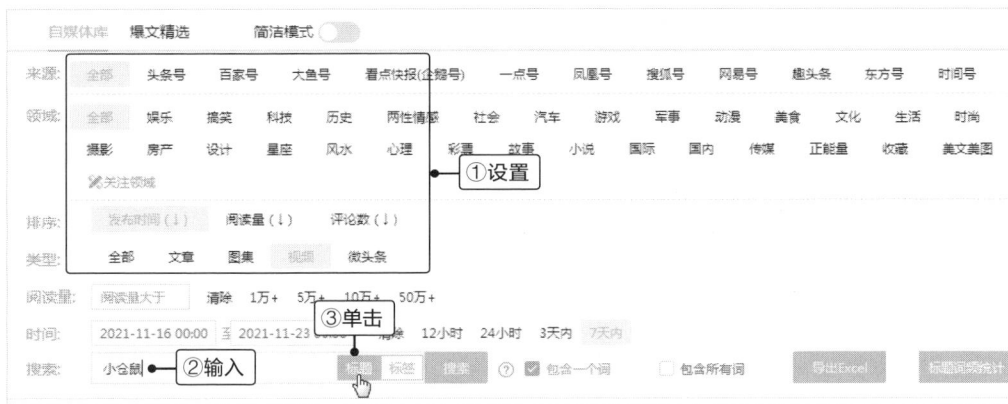

图 3-8　在自媒体库中搜索标题

单击"编辑器"选项卡，输入标题关键词，单击"随机生成"按钮，可随机生成与该关键词相关的标题，如图 3-9 所示。

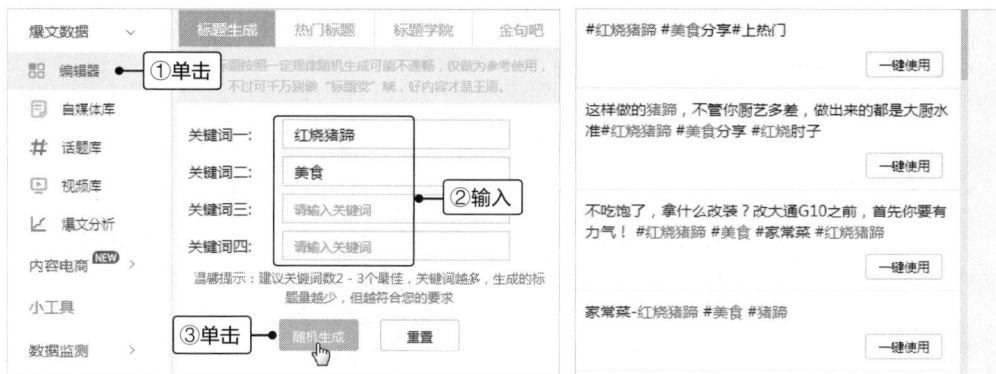

图 3-9　根据关键词随机生成标题

　　单击"标题学院"超链接，在打开的页面中可按类型查看到不同的热门标题，如对比式标题、悬念式标题、盘点式标题等，从中也可以找到标题创作的灵感，如图 3-10 所示。

图 3-10　在标题学院寻找创作灵感

3.2.4　标题取名的禁忌事项

　　在短视频发布环节，部分运营者可能会遇到这样的情况：视频内容本身没问题但是发布后被限流，或者根本发不出去。这种情况可能是因为触碰了标题取名的禁忌，设置短视频标题要注意以下禁忌事项。

◆　**营销推广词**：标题是很显眼且容易被阅读的，因此有的运营者会想到借用标题来进行营销宣传，如在标题中加上微信号，带入下单、购买、加盟、加粉丝群等词汇。目前，大多数新媒体平台都禁止此类引流行为，若标题含有引导加群、引流至其他平台的内容，或是其他诱导消费的词汇，极有可能导致短视频被下架或账号被封禁。

◆ **不文明用语：** 标题中不能含有不文明用语，包括但不限于脏话，民族、种族、性别歧视类词汇，带有性暗示、性挑逗的词汇，恐怖暴力词汇等。

◆ **疑似欺骗的信息：** 标题中不能使用有欺骗倾向的词汇，如恭喜中奖、点击领取奖品等词汇。

◆ **疑似虚假宣传的信息：** 含有"最""第一""世界级""全网第一"等涉嫌虚假宣传的内容。

◆ **权威性词汇：** 标题有冒充权威机构、公职人员身份的词汇，如××机关推荐、××领导推荐等。

◆ **涉及政治的词汇：** 标题中不能带有与政治有关的敏感词。

为避免标题中使用了违禁词导致账号被封禁，运营者应充分了解各个平台的社区自律公约。在写好标题后，还可以使用违禁词查询工具进行违禁词检测，下面以违禁词检测小程序为例来介绍。

复制短视频标题，打开手机微信，在搜索框中输入"违禁词检测"，在搜索结果中点击"违禁词检测"小程序链接，在打开的页面中点击"检测违禁词"按钮进行检测，系统会将违禁词标红显示，如图 3-11 所示。

图 3-11　检测违禁词

3.3　精选封面，让视频吸引更多观看

在抖音这类沉浸式体验的短视频平台，观众对封面的感受可能不那么强烈，

但在快手、西瓜视频这类以瀑布流形式展示的短视频平台，封面就扮演着至关重要的角色。吸睛的封面能吸引观众多停留几秒，甚至点击视频。

3.3.1　5 种短视频封面类型

封面类似于短视频的"门面"，封面的好坏会影响观众的第一印象，进而影响视频的点击量和影响力，下面来看看 5 种常见的短视频封面类型。

（1）内容截图式封面

选取短视频内容中的某一个画面来作为封面，内容与封面有很强的关联性，不会造成用户的基础认知错误。为了提高关注度，可以选取搞笑的、可爱的、有趣的画面来作为封面，或者选取短视频中的精彩瞬间，让封面引起观众的好奇心，如图 3-12 所为内容截图式短视频封面。

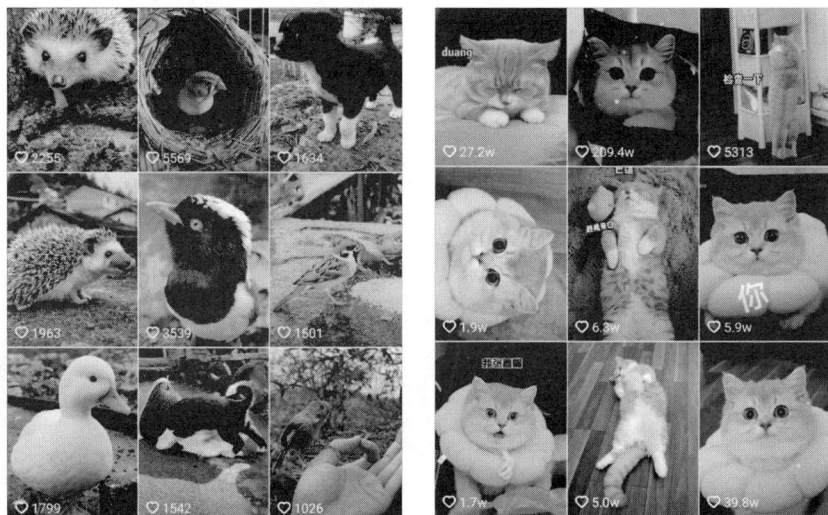

图 3-12　萌宠类短视频封面

（2）成品效果式封面

封面展示的是成品图、效果图，适用于美食类、手工手绘类、美妆类短视频，用最后呈现的效果来吸引观众，不要将半成品图作为封面。选取封面效果图时，要选择有美感、赏心悦目的画面，如图 3-13 所示为成品效果式短视频封面。

图 3-13　成品效果式短视频封面

（3）真人出境式封面

适用于颜值类、剧情类、美妆类、舞蹈类、种草类短视频，在封面放上短视频创作者或中心人物的头像，让人物露脸出境，有助于打造人设，塑造个人 IP 形象。封面中人物的形象不能过于平淡，否则无法引起观众的兴趣，可以适当让封面人物的表情夸张化，或者体现美的特征，如图 3-14 所示。

图 3-14　真人出境式短视频封面

（4）故事式封面

故事式封面一般也有人物出境，只是人物不会以人像大头贴的形式呈现，而是与环境融为一体，以场景化＋人的形式呈现。这类封面要与标题充分配合，这样才具有极强的感染力。选取的封面场景要能传递出情感力量，如温馨、快乐、悲伤等，以引起观众的情感共鸣。如果剧情中有台词，可以将台词保留下来，作为封面的一部分。人物的表情通常最能传递情绪，所以，可以在封面中体现人物面部的表情特征，如笑、哭、生气等，让观众更易理解人物情绪，如图3-15所示。

图3-15　故事式封面

（5）文字式封面

封面类似于文字海报，文字极其显眼，背景反而成为陪衬。有时为了让文字醒目突出会将背景模糊处理，封面中的文字一般是对短视频核心内容的提炼，大号字体很能突出重点内容，如图3-16所示。

图3-16　文字式封面

3.3.2　短视频封面设计的技巧

短视频的封面要能有吸引观众的点，才不容易错失用户，在设计封面时，也要学会运用一些技巧，具体包括以下一些。

（1）符合短视频展示方式

短视频的展示方式主要有竖屏和横屏两种，针对竖屏的短视频封面，其封面的构图、文字设计以及人物展示的角度都要符合竖屏的特性。竖屏短视频封面中的主体对象和文字最好居中呈现，其中，环境的占比要少，要让主体突出，这样能给人一对一的感觉，也可以牢牢抓住观众的视线，如图 3-17 所示为竖屏短视频封面。

图 3-17　竖屏短视频封面

横屏短视频封面的宽度更大，设计上可以有更多变化，但作为主体的人或事物仍要突出呈现，让封面体现内容看点或视频主体，可以采用对称居中构图、三角形构图、三分线构图等构图方式。

文字的设计要符合人们的阅读习惯，可以按照从上到下，从左到右的方式编排，让视觉形成秩序感。从视觉传达的角度来看，视觉感较强的封面才能吸引浏览者，那么怎样才能让封面具有视觉感呢？首先要保证画面整洁、清晰美观，这是基本的要求，模糊的、带有水印、主体不完整的画面会大大影响封面的美观度。其次在构图、文字的设计上要满足大众的审美需求。

部分短视频的封面会存在文字只有一半，人物只有半个头的情况，在设计封面时一定要特别注意此类问题，如图 3-18 所示为横屏短视频封面。

图 3-18　横屏短视频封面

（2）有让人点击的欲望

封面实际上是一个定格的画面，这个画面要有让人点击的欲望，才能提升短视频的播放量。一般来说，有趣的、有悬念的、赏心悦目的、新奇的、核心信息明确的封面更能吸引观众点击。

从短视频的类型来看，剧情类、搞笑类、影视娱乐类、萌宠类的短视频都可以在封面制造悬念，让观众有了解故事走向的欲望。在设计悬念式封面时，要保证封面内容与视频内容相关，不要单纯为了吸引点击而强行制造悬念，如图 3-19 所示为悬念式封面。

图 3-19　悬念式封面

对新奇的事物人们天生会产生好奇心，因此，封面也可以从"奇"这个角度来设计，用新鲜的、未知的事物来吸引观众。旅游类、三农类、美食类、搞笑类短视频都可以用新奇的封面来吸引观众，在封面展示日常生活中人们不常见到的美食、美景、风土人情等，勾起观众的好奇心，如图 3-20 所示。

图 3-20　猎奇式封面

不一定所有的封面都要制造悬念和新奇感，对于美食类、旅行类、舞蹈类、科技类、手工绘画类短视频而言，封面足够赏心悦目也能达到吸引点击的目的，以美、炫、酷来让观众产生眼前一亮的视觉感受，如图 3-21 所示。

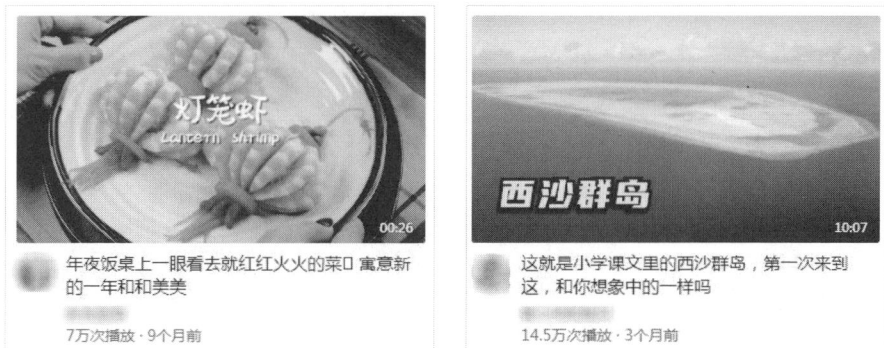

图 3-21　有美感的封面

对于注重知识传播、内容解析的短视频来说，此类短视频可以将核心且有价值的信息进行提炼，用醒目的关键词在封面呈现这些重点信息，使封面看起来简单明了、直观清晰。封面可以采用三段式或两段式文案，对内容的概括要清晰有逻辑性，不能让人看了云里雾里，科技类、汽车类、职场教育类、知识资讯类、影视娱乐类短视频都可以采用此种封面设计方式，如图 3-22 所示。

图 3-22　核心信息提炼封面

（3）保持封面风格的统一性

对于需要塑造 IP、人设的短视频账号而言，封面最好保持风格的统一性，这样能让封面具有独特的辨识度，以便塑造账号形象。在设计封面时，可以先制作一个通用模板，统一字体、构图方式、色彩等，让封面的设计风格以一种较为固定的方式展现。当粉丝进入创作者的主页时，也能感受到整洁有序的封面效果，如图 3-23 所示。

图 3-23　风格统一的封面

3.3.3　高点击量封面需要具备的 4 个要点

封面是能体现短视频风格特点、个性特征的核心画面，观察那些高点击量短视频的封面，会发现其具备如下所示的 4 个特征。

◆ **运用短视频流行元素**：设计短视频封面也要学会紧跟潮流，很多高点击量的封面都会使用网络流行元素，如表情包、贴纸、流行语、热点话题词等。这些网络流行元素大都好玩有趣，是大多数人都感兴趣且乐于互动的，具有很高的热度，能够提高视频成为爆款的概率，如图3-24所示。

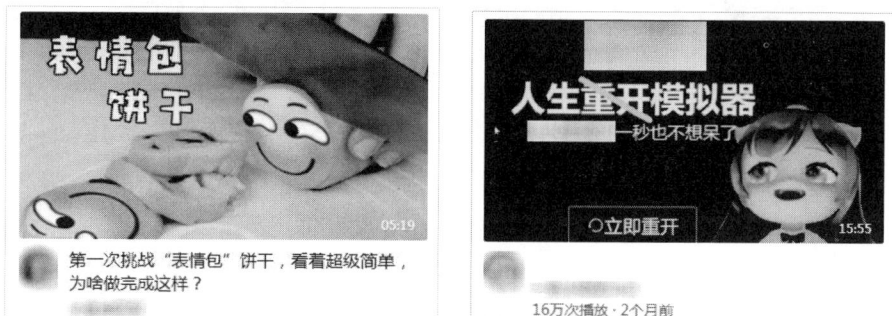

图3-24　在封面使用网络流行元素

◆ **封面与标题强关联**：封面与标题具有很强的关联性，没有图文不对应。不能因为蹭热点随意设计一个与热点有关的封面，这样反而会导致用户做出错误的判断，使得精准用户流失。设计封面时，标题与封面内容要尽可能地契合，封面文案不建议与标题文案一模一样，可以是内容的归纳、补充、深化或提炼，如图3-25所示。

图3-25　封面与标题强关联

◆ **封面有标志性特征**：要持续强化品牌或IP形象，封面的设计就要有标志性特征。很多优质的短视频创作者都会结合自身的视频内容和账号定位，设计有专属特色风格的封面，通过持续输出优质内容和有个性色彩的封面，为自己贴上"标签",帮用户养成视觉习惯,如图 3-26 所示。

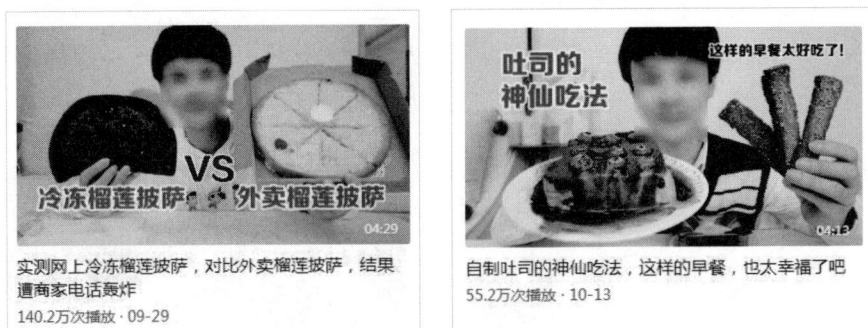

图 3-26　封面有标志性特征

◆ **封面有视觉冲击力**:在视觉设计领域,视觉冲击力是增强视觉传播力度的方法之一,很多高点击量的封面都会从画面、色彩、字体上来营造视觉冲击力,以此来刺激人们的感官,使受众产生深刻记忆,如使用亮眼的色彩,夸张的字体,在封面营造强烈对比等,如图 3-27 所示。

图 3-27　封面有视觉冲击力

3.3.4　短视频封面文字的设计

在设计短视频封面的文字时,要充分考虑文字的形态、排列方式、大小和色彩,不同的设计方式会给受众带来不同的视觉感受,封面文字如果运用不当也会影响短视频的传播效果。封面文字的设计要注意 3 点,一是文字内容不能太多;二是文字不能遮挡人物面部;三是文字展示应完整。

人们观看短视频大都使用的是移动设备,移动设备的屏幕通常较小,如果封面中的文字内容较多，势必要将字体字号设计得很小，这会人为增加阅读的难度，也不利于碎片化浏览。因此，应提取核心关键词用于封面中，不要让封面看起来文字内容很多。

封面中如果是人物作为主体，那么文字内容就要注意不能遮挡人物的面部。面对文字挡脸的难题，可以采用抠图的方式解决，使用设计工具抠出人像，然后将人物叠压在文字上方，如图3-28所示。

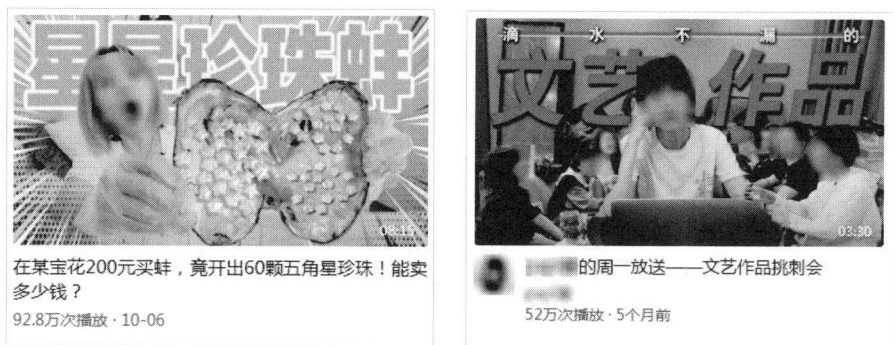

图 3-28 封面文字的设计

封面文字最好放在最佳展示位置，避免出现文字展示不完整的情况。竖屏短视频的封面是垂直的，文字可以竖排，横排时字体不能设计得过大，以便能呈现更多内容。横屏短视频的封面文字一般采用横向排版方式，字体可以大一些，如图3-29分别为竖屏短视频反面案例和正面案例。

图 3-29 竖屏短视频反面和正面案例

封面文字的字体风格一般根据视频风格来确定，如果视频风格是有趣好玩的，那么可以选择活泼可爱的字体；如果视频风格是正经严肃的，那么可以选择形体方正、笔画平直的字体。选择字体颜色时，要注意应与背景有所区分，使文字能达到一目了然的效果，为避免色彩选择出错，可以采用百搭的白色字体。

3.4 发布优化，提高观看量有技巧

设计好短视频的标题和封面后，就可以发布短视频了。短视频的发布看起来很简单，但其中也蕴含着一些技巧，对发布细节的处理会直接影响视频的播放效果。

3.4.1 如何选短视频发布平台

短视频的发布平台有很多，各大平台都有其各自的特点和目标受众，因为内容调性、用户群体不同，同一条视频发布在不同的平台上，播放效果可能会千差万别。所以在发布短视频前，要先对主流视频平台有充分的认识，下面来看看一些主流短视频平台的特点（基于 2020 年相关数据报告分析）。

（1）抖音、快手短视频平台

抖音、快手是以竖屏为代表的短视频平台，这两个平台拥有广泛的活跃用户规模，发展迅猛，平台规模优势明显，两个平台的特点见表 3-2。

表 3-2 抖音、快手短视频平台比较

比较项	抖音	快手
简介	记录美好生活	拥抱每一种生活
内容特点	长、短视频都有，时长为 15 秒～ 1 分钟、5 分钟内、15 分钟内，内容以拍摄＋特效＋酷炫 BGM 为特点	有短视频也有长视频，时长为 11 ～ 57 秒、5 分钟内、10 分钟内，内容比较写实，记录和分享生活
用户画像	用户性别比例均衡，女性用户略多于男性，但差别不大，年轻用户较多，一线和二线城市渗透率高	用户性别比相对均衡，男性用户占比略高于女性，年轻用户较多，一线和二线城市渗透率高
用户质量	用户忠诚度高，消费力强	用户标签化特点明显

续表

比较项	抖音	快手
商业模式	广告营收为主,产品生态较为丰富,积极创新短视频的商业模式	以直播电商为主,2020年电商带货数据表现优异
流量分发	"去中心化"模式,有"强内容"属性	"去中心化"模式,有"强社区"属性
内容呈现	沉浸式,交互更简单	瀑布流式,能同时展示多条视频
运作模式	通过明星、达人带动用户	由普通人带动身边的人

(2)B站、西瓜视频平台

B站、西瓜视频是以横屏视频为主的视频平台,两个平台都注重垂直类内容的发展,两个平台的特点见表3-3。

表3-3 B站、西瓜视频平台比较

比较项	B站	西瓜视频
类型	综合型视频社区	PUGC视频平台
特色频道	生活、游戏、娱乐、动画、科技	影视、农人、综艺、游戏、美食
内容特点	UGC创作内容,有短视频也有长视频,但长视频居多,内容多元,深耕年轻圈层,二次元属性明显,动画是主流内容	PUGC创作内容,长、短视频都有,但长视频居多,率先提出中视频概念,助力中视频创作者,游戏、影视综合类、情感类为强势品类
用户画像	男性用户较高于女性,以年轻群体为主,集中在18~35岁之间,具有Z时代(泛指"95"后和"00"后)特点	男性用户较高于女性,比例基本均衡,18~40岁为主,多分布于一线、二线城市
流量分发	依托粉丝关系和兴趣分发	基于社交和兴趣分发
内容呈现	横屏为主,瀑布流式,用户点击后才会播放	横屏为主,瀑布流式,用户点击后才会播放

(3)微博、微信平台

微博、微信是很多人都比较熟悉的社交平台,随着短视频的发展,微博和微

79

信平台也上线了视频号，两个平台的特点见表3-4。

表3-4　微博、微信平台比较

比较项	微博	微信
类型	社交媒体	社交平台
内容生态	娱乐明星及"大V"聚集地，内容媒体化，音乐、生活、娱乐综艺	用户体量大，个人身份强，在微信中嵌入"视频号"
内容特点	有图片、文字、视频等形式，娱乐明星、综艺、新闻资讯类内容容易引爆平台	有语音、文字、图片、视频等形式，具有较强的社交属性，与朋友圈、公众号等微信内容打通，偏知识、生活类内容
流量分发	基于社交和兴趣分发	基于社交、内容、地理位置分发
内容呈现	视频号入口在界面底部，以瀑布流式呈现	内置于微信中，点击"视频号"后会进入单独的播放界面

（4）美拍、小红书平台

美拍是一款可以直播、制作小视频的软件，小红书是生活方式平台，这两个平台的特点见表3-5。

表3-5　美拍、小红书平台比较

比较项	美拍	小红书
类型	一款手机直播＋短视频工具，具有短视频录制、编辑、观看等功能	年轻的社区平台，也是生活方式平台和消费决策入口
用户画像	女性用户明显多于男性用户，集中于20～30岁之间，用户圈层更聚拢，聚焦于年轻女性和垂直领域达人	女性用户明显多于男性用户，集中于25岁以下，具有年轻化的特点，"90"后用户占比高
内容特点	主攻女性用户偏爱的内容，具有新潮、流行、颜值等的特点，兼具观赏性和实用性，时尚舞蹈、美妆是主流内容	有图文、短视频等形式，以种草型内容为主，有美妆、美容个护、母婴育儿等类型，男性达人的内容在逐渐提升
流量分发	基于用户兴趣分发	去中心化的分发机制，优质内容可以被不断推荐

除以上平台外，主流的短视频平台还有好看视频、梨视频、抖音火山版等，下面简单介绍这几个平台的特点。

◆ **好看视频：**是一个综合视频平台，覆盖美食、兴趣学习、房产家居、旅游、运动健康、穿搭美妆、开箱评测、汽车等领域，以泛知识内容为主，通过百度智能算法推荐内容，平台上的一线和新一线用户群体更为活跃。

◆ **梨视频：**是一个资讯类短视频平台，内容涵盖商业、社会、科技、媒体、娱乐、生活方式等领域，以真实资讯、热点事件为主。

◆ **抖音火山版：**是原火山小视频，覆盖旅游、汽车、美妆、才艺等领域，性别比较均衡，男性用户占比略高，25 ～ 35 岁的用户占一半以上。

了解了不同平台的特点后，运营者可以根据账号定位，平台内容属性、用户群体特征来选择合适的短视频平台。从用户活跃度来看，抖音、快手具有明显的优势，初期做短视频运营可以首选这两个平台，然后根据受众人群、内容特色等方面去选择其他短视频平台。

在初期运营时可以将短视频分别投放在多个平台，结合投放后的数据来选择重点运营的平台，哪个平台的投放效果更好就选择哪个，表 3-6 为视频投放数据分析表。

表 3-6　视频投放数据分析表

数据类型	平台					
	抖音	快手	好看	火山	B 站	美拍
总播放量						
总点赞量						
总评论量						
总分享量						

3.4.2　将视频发布到主流平台

创作好的短视频可以使用各大平台提供的 App 发布，也可以登录创作者中心进行发布，下面以抖音创作服务平台为例，来看看如何发布短视频。

打开抖音创作服务平台，单击"登录"超链接，在打开的对话框中选择登录方式和登录产品，这里保持默认选项不变，单击"确认"按钮，如图 3-30 所示。

图 3-30　进入创作者服务平台

在打开的页面中使用抖音 App 扫描二维码，或者使用手机号登录，扫码后选中"已阅读并同意用户协议及隐私政策"单选按钮，点击"确认登录"按钮，如图 3-31 所示。

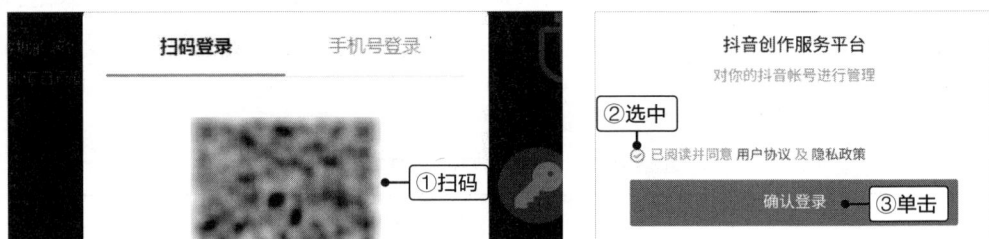

图 3-31　扫码登录创作服务平台

进入创作者服务平台，单击"发布视频"按钮，在打开的页面中点击" "上传视频，或者将视频文件拖动到上传区域，如图 3-32 所示。

图 3-32　拖动上传视频

上传完成后在视频描述框输入标题，单击"编辑封面"超链接，在打开的页面中截取封面，编辑封面文字，如图 3-33 所示。

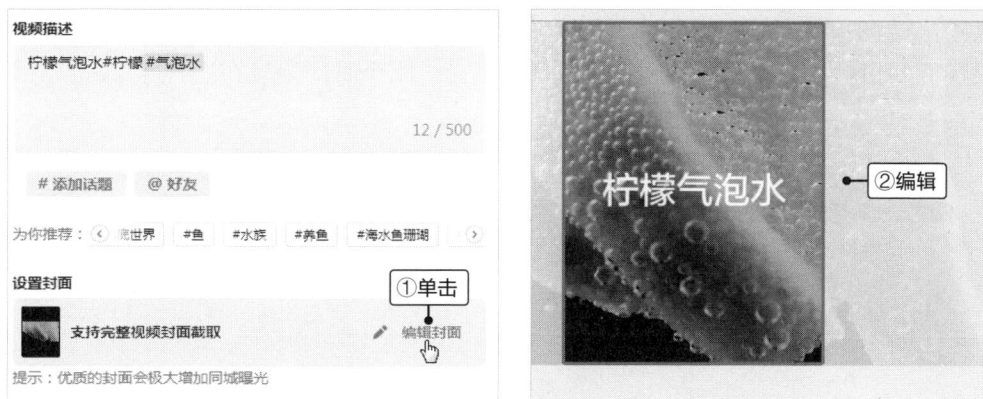

图 3-33 编辑标题和封面

设置好封面后单击"确定"按钮，在返回的页面中可添加标签，申请关联热点，添加到合集，完成发布设置后单击"发布"按钮发布视频，如图 3-34 所示。

图 3-34 发布短视频

TIPS 快速多平台发布视频

如果要将短视频发布到多个平台，为了提高发布的效率，可以使用自媒体账号一键发布工具，比如简媒、蚁小二等，这些平台提供的多账号管理、多平台发布工具可以帮助运营者一键多平台同步发布短视频。

3.4.3 视频发布时间有选择

在发布短视频时，要选择合适的发布时间。一般来说，在目标用户活跃的时间段发布视频，更容易获得高播放量和点赞，因此，运营者有必要了解目标用户更偏向于在哪个时间观看视频。以母婴人群为例，根据《2020Q3 母婴群体分析报告》，抖音、西瓜视频、头条的母婴人群在 10:00 ～ 12:00、20:00 更活跃，因此如果我们的目标受众是母婴人群，那么就可以在这两个时间段发布短视频，如图 3-35 所示。

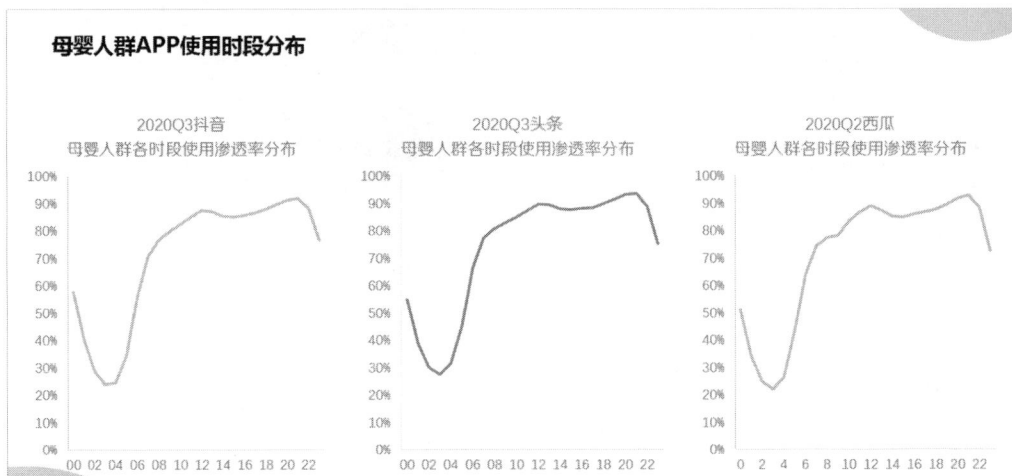

图 3-35　母婴人群 App 使用时段分布

另外，还可以根据短视频数据分析平台提供的用户画像数据了解目标用户在哪个时间段比较活跃，如图 3-36 所示为抖音母婴领域某头部达人的粉丝活跃时间分布图。

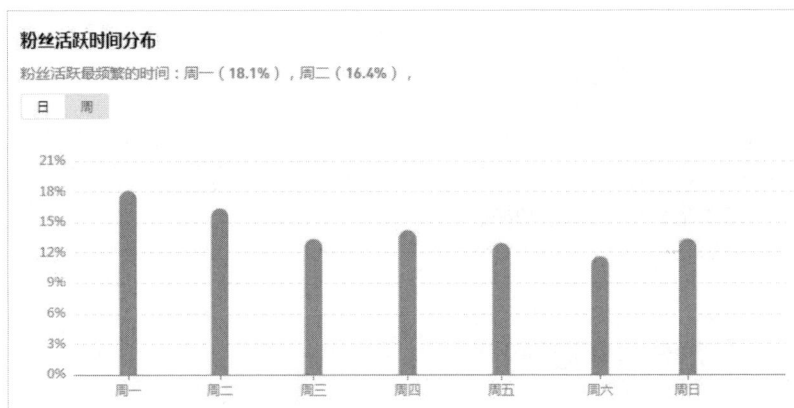

图 3-36　粉丝活跃时间分布

从上图可以看出，一周内，在周一和周二粉丝的活跃度更高。因此，如果不是每天都发布视频的话，选择周一、周二的 10:00 ～ 12:00、20:00 发布视频会更好。

不同类型的短视频，其适合发布的时间也会不同，比如剧情搞笑类短视频，在抖音中，更适合在 11:00 ～ 13:00、16:00 ～ 21:00 发布，此时间段人们会尝试休息放松一下，通过观看短视频来度过午休时间。以周为时间来看，在休息日发布会更好，因为用户有较为充足的时间，并且普遍愿意观看此类视频来放松和娱乐身心。

对于知识教育类短视频来说，从抖音知识教育类创作者发布时间数据来看，在用户临睡前发布效果会更好，尤其在 21:00 ～ 22:00 点内发布作品的数据最受网友欢迎。如图 3-37 所示为 2021《短视频创作者作品发布时间研究报告》中关于抖音知识教育类作品发布效果的数据。

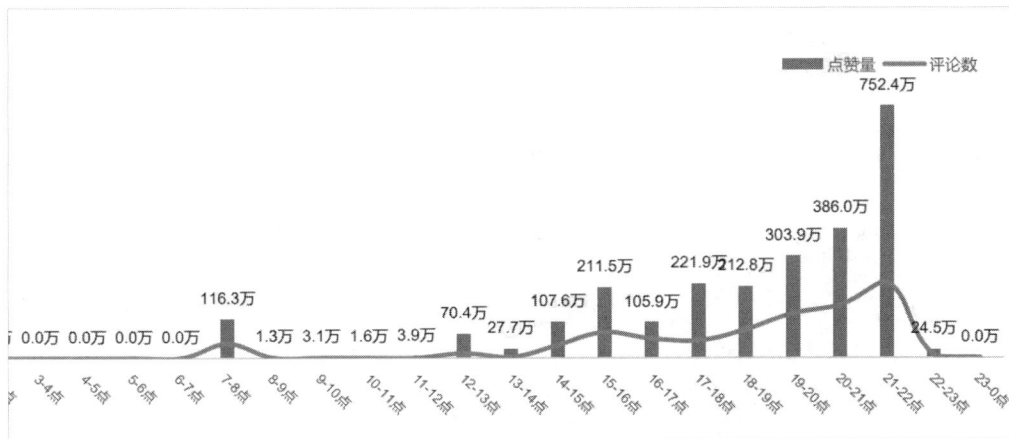

图 3-37　抖音知识教育类作品发布效果数据

不同的平台用户其活跃时间分布也会有一定的差别，运营者还要结合平台以及内容类型来具体分析，从而选择一个较为合适的发布时间。

3.4.4　发布短视频要不要加定位

很多运营者在发布短视频时会存在这样的疑惑：发视频时加定位好，还是不加定位好？从营销推广的角度来看，如果我们的目标受众是某一特定地域、城市的用户，那么在发布视频时添加定位会更好，主要有两点优势。

◆ 在短视频中添加位置信息，更容易被附近的用户看到，更利于社交和互动。

◆ 很多视频平台都有"同城"版块，在视频中添加定位后，更容易上同城热门，有利于账号曝光。

对线下商家、农产品品牌、旅游景点类的账号而言，由于视频内容本身就具有很强的地域特征，因此在发布视频时完全可以添加地理位置信息，提高账号视频的真实度，也能为店铺、景点增加客流量。以抖音为例，在视频播放界面点击景区地理位置信息后，会进入关联地址介绍页面，如图 3-38 所示。

图 3-38　关联上海迪士尼度假区

第 4 章

短视频上热门的运营策略

　　一条短视频如果能上热门，会大大增强账号的曝光量，部分账号还能因为热门视频实现上千、上万的涨粉。但是热门并不是谁都能上，要让短视频上热门，还需要掌握基本的运营策略，提高视频上热门的机会。

搞懂平台算法规则

短视频的审核规则
摸清平台上热门的推荐机制
哪类视频无法被推荐

提高视频上热门的机会

如何提高短视频完播率
提高短视频的互动率
提升短视频账号权重
检测账号状态和健康度
参与平台内容创作活动

4.1　搞懂平台算法规则

每个平台都有其特殊的流量分发机制，在短视频运营中，运营者不能去对抗这种机制，而应让账号、视频契合这种机制，从而让视频获得平台推荐，为账号带来更多流量。

4.1.1　短视频的审核规则

从短视频平台内容审核规范来看，采用的是先审后播的规则，审核一般会经历初审和复审两个步骤，初审一般为机器智能审核，复审一般为人工审核。如果审核过程中判定视频内容不合规，不合规的视频将会被剔除，合规视频才会被收录，才有机会获得随机流量分配，如图 4-1 所示。

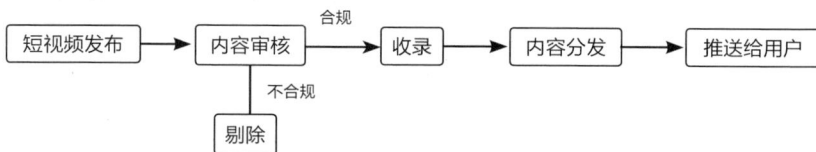

图 4-1　短视频审核流程

从上图可以看出，要让短视频进入流量池，首先要过内容审核这一关。机器智能审核主要审核内容是否违反了平台的内容准则，包括标题、简介、语言、字幕等是否存在禁止发布和传播的内容。人工审核会对初审的内容进行再次审核，如审核视频的封面图、关键画面、表演、背景等，进一步对视频内容进行把控，对不合规内容作出负向操作，如仅自己可见、账号降权、删除、封禁等。

为了确保短视频能进入流量赛道，在创作和发布短视频时就要注意保证内容能通过审核，即视频中不能出现不合法的、不健康的内容。运营者可以根据《网络视听节目内容审核通则》《互联网视听节目服务管理规定》了解短视频内容审核的基本内容。

另外，也可以根据平台《社区规则》了解相关审核规则，如图 4-2 所示为抖音社区自律公约，可明确了哪些内容是抖音倡导的、不欢迎的以及禁止的。

图 4-2　抖音自律公约

4.1.2　摸清平台上热门的推荐机制

符合平台内容规范的短视频会被平台收录，在视频平台上，每天都会有大量的视频被收录，但这些被收录的内容并不全是优质内容，内容质量是参差不齐的，平台为了给用户带来更好的观看体验，开发出了内容推荐机制。不同的平台推荐方式会有所不同，如下所示为常见的几种推荐方法。

◆　根据短视频发布时间排序来推荐。

◆　根据用户兴趣爱好来推荐。

◆　根据社交关系来推荐。

◆　根据内容过滤结果来推荐。

推荐机制是短视频平台筛选优质内容的一种方法，下面以小红书为例，来看看短视频推荐机制是如何运作的，如图 4-3 所示。

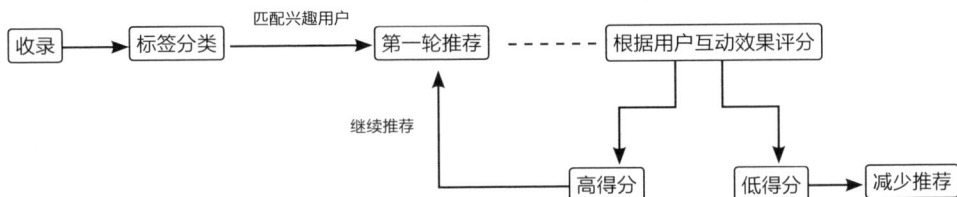

图 4-3　小红书推荐机制

从上图可以看出，小红书首先会对内容进行标签分类，将内容分发给兴趣用户，然后进行第一轮推荐。根据第一轮兴趣用户的反馈结果来过滤优质内容和低质内容，互动效果高的为优质内容，互动效果低的为低质内容，低质内容淘汰不再推送，优质内容再次推荐给其他更多用户。整体来看，小红书是基于用户兴趣爱好以及内容过滤结果来推荐的。

很多短视频平台在用户第一次注册登录后，都会让其填写兴趣标签，这一步就是为了了解用户偏好，从而推荐用户感兴趣的内容。大多数平台还支持修改兴趣标签，以便用户兴趣点变化时可以随时调整，降低了用户直接离去的风险，如图 4-4 所示为小红书兴趣标签。

图 4-4　小红书兴趣标签

根据发布时间推荐一般多用于平台上线初期，此时没有用户行为数据做支撑，很难按用户兴趣、内容质量来推荐，因此会以发布时间排序来推荐。

基于社交关系来推荐也是很多平台采用的推荐机制，比如微信平台，用户发布的视频可以通过朋友圈、公众号来传播。根据此种推荐机制，部分视频平台还会将视频推荐给双向关注、单向关注的用户或者附近的人，如图 4-5 所示为平台将短视频推荐粉丝。

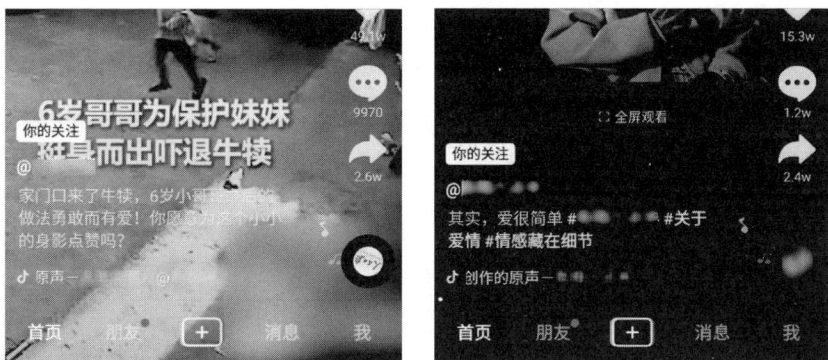

图 4-5 短视频内容的推荐

大多数短视频平台都是按"小流量→大流量"的原理进行流量分发，因此，在第一波推荐时如果能得到很好的用户反馈，系统会认为该条视频比较优质，从而进行第二波推荐。第二波推荐的流量池会比第一波大，如果视频在第二波推荐时能有很好的用户反馈，那么会有很多流量分发，以此类推，视频就有机会上热门。

在视频平台上，那些获得几十万，甚至上百万点赞的短视频就是典型的大热门视频，这些视频在第一次、第二次推荐中通常都会得到好的用户反馈，因此会被系统判定为优质视频，从而获得更多流量。从短视频内容本身来看，只有优质的内容才能获得好的用户反馈，所以，内容优质是上热门的前提。

从平台的推荐机制来看，账号权重、内容标签等因素也会影响推荐效果，比如某些短视频平台，在第一波推荐时就给高权重账号很高的流量，使得高权重账号发布的短视频更容易上热门。当然，这类账号的内容本身也足够优质，才能不断提高账号权重，留住粉丝，让短视频运营形成良性的循环。

4.1.3 哪类视频无法被推荐

我们知道优质的短视频内容才能被推荐，甚至是上热门，那么哪类视频无法被推荐呢？总的来看，以下几类视频很难或者不会被推荐。

◆ **违反平台内容准则的视频**：即短视频内容中出现了违规内容，这类视频无法获得推荐，同时还可能受到违规处罚，如侮辱谩骂、垃圾广告、内容引人不适、涉嫌违反法律法规的视频内容。

◆ **模糊不清的视频：** 视频画质模糊不清会极大地影响观众的观看体验，这类视频虽然没有违反内容管理规范，但从用户运营的角度来看，会极大地影响用户体验，因此，是平台不欢迎的一类视频。

◆ **视频时长太短：** 虽说是短视频，但是时长也不能太短，如只有两三秒，这类无完整内容的视频也不会得到推荐。

◆ **搬运他人的视频：** 几乎所有的新媒体平台都倡导原创内容，如果视频中有大段内容带有其他平台的水印、Logo，或者刻意照搬、模仿他人的视频，也无法获得推荐。

◆ **内容无聊或单一的视频：** 如图片轮播类视频，就是几张图循环播放，内容本身没有价值。除此之外，还有图片＋文字展示类视频、图片拼接类视频、随手拍的低质视频以及其他无实质内容的视频。

◆ **追求流量博眼球的视频：** 虚假做作、卖惨来博人眼球的伪纪实视频，视频中发布哗众取宠、恶意审丑等企图博眼球的不当行为。

◆ **存在危险行为的视频：** 发布易引发人身安全风险的内容，如展示／实施微信行为，具有安全隐患的危险动作。

◆ **对未成年人有不良导向：** 视频中含有易对未成年人产生不良引导的内容，包括但不限于影响未成年人身心健康的内容，与未成年人年龄不匹配的成人化行为，如未成年人出入 KTV/棋牌室等场所、未成年人吸烟行为等。

◆ **负面导向的视频：** 视频没有倡导积极的、正向的理念或价值观，如浪费粮食，不尊重劳动成果，对历史、经典文化等作品过度娱乐化，对未经核实的社会事件、人物进行负面讨论等。

总而言之，新媒体平台倡导的是原创、正能量、宣扬中华民族传统文化和美德的，完整度高、观赏性强的视频。如果视频粗劣、无实质性内容，没有良好的价值导向，是无法获得推荐的。

要让视频能有被推荐的机会，甚至是上热门，就要积极创作新媒体平台倡导、欢迎的视频内容。

4.2　提高视频上热门的机会

发布了优质的短视频内容后，还可以利用一些运营手法来提高视频上热门的机会。具体操作时，要结合平台推荐机制进行，主要方法是通过有效的方法来提高反馈效果。

4.2.1　如何提高短视频完播率

短视频的推荐量一般受完播率和互动率两个因素的影响，视频完播率和互动率高说明内容受用户的欢迎，系统也会认为这条视频是优质视频，从而给予推荐。大多数情况下，播放量高的视频完播率也较高，完播率的计算公式如下所示。

看完视频的用户数 / 点击观看视频用户数 ×100%= 完播率

完播率是评价短视频质量的一个指标，很多视频平台会将这一数据作为判断视频质量好坏的第一指标，甚至超过了点赞、评论等互动数据。影响完播率的因素主要有两个。

◆ **内容质量：** 内容质量是影响完播率的关键因素，只有优质的内容才能吸引并留住用户完整观看，劣质的短视频无法给人带来良好的视频体验，自然也无法吸引用户继续看下去。

◆ **视频时长：** 视频的时长也会影响完播率，从用户观看短视频的动机来看，他们通常不会像观看影视作品那样花半小时，甚至一两个小时看一部作品。虽然很多短视频平台都放开了视频时长的限制，但如果视频时长过长，可能无法让短视频用户有耐心、有时间看完。所以，短视频要注意控制时长，一般要控制在 15 分钟以下，建议短而精最好，如一分钟、五分钟以内。

从影响短视频完播率的两个因素来看，内容质量和视频时长都需要在创作时进行把控。需要注意一点，虽说短视频要控制时长，但也不代表时间越短越好，有的运营者可能会想到将视频时长设计为 3 秒、5 秒、10 秒，认为这样就可以有效提高完播率了。

实则不然，从前面介绍的内容可以知道，平台并不欢迎无实质内容的视频。时长过短就很难表述完整剧情、事件或知识，这里的短是一个相对的概念，是指内容要精炼、有价值，不要花 5 分钟去讲述本来可以 30 秒介绍完的内容。

既然完播率这么重要，那么有哪些方法可以帮助提高完播率呢？下面介绍一些实用的方法。

（1）长视频分段

如果视频内容篇幅较长，可将其分段发布，比如将 10 分钟的视频分为两个 5 分钟的视频。这样能避免引起用户观看的疲劳感，同时还能吸引用户持续关注后续的剧情，增强粉丝黏性。

为方便用户查找和筛选视频，可以将分段后的视频放在一个合集中，或者制作风格统一、与内容相呼应的封面，如图 4-6 所示。

图 4-6　短视频合集和封面设计

（2）视频开头激发观看兴趣

视频能不能吸引用户继续观看，开头的几秒钟很重要。短视频的开头切忌拖沓，最好在开头的 5 秒钟就调动用户观看视频的兴趣。如果开头无法吸引观众，那么他们会很快划走。以下小技巧可以帮助我们做好视频开头。

◆ **开门见山，直奔主题：** 是指一开始就展示视频的主题内容，这种开头方式很适合风景类、生活技巧类、教程类短视频。

◆ **抛出悬念，引起兴趣：** 是指开头抛出疑问，通过悬念来抓住用户的好奇心理，这种开头方式很适合剧情类、搞笑类短视频。

◆ **概括提示，引导观看：** 如果视频时长较长，但内容很有价值，那么可以在开头对视频内容进行概括提示，以给观看者一个心理预期。另外，也可以在开头以口述的方式提示用户看完视频，如"本期视频较长，请大家耐心看完""视频比较长，但是一定要看完""视频有点长，但看完对你一定有帮助"。

（3）运用视频进度条

在视频的上方、下方添加进度条，可以让观看者清晰地了解视频播放的进度，从而更好地控制播放节奏，这能提升观看体验感，使较长的视频获得更好的完播率，如图4-7所示为底部视频进度条。

图4-7　视频进度条

4.2.2　提高短视频的互动率

影响互动率的指标有点赞、评论、转发、收藏、下载到本地等，从短视频的推荐逻辑来看，很多平台都将互动率作为流量分发的依据，互动率越高视频就越能获得更大的流量池。那么运营者要如何提高短视频的互动率呢？

首先，还是要从内容入手，靠内容本身吸引用户参与互动，如果视频内容本身足够有趣、有价值，观众自然会想点赞、评论。除此之外，还可以在视频中引导观众互动，具体有以下4种方法。

（1）视频中引导点赞互动

在视频的结尾用口播或图文的方式提醒或拜托观众点赞，比如口述："如果您喜欢这个视频，记得点赞哦""点赞过3万，解锁下一关"等。

点赞的动作相对而言是比较简单，只要视频质量还不错，大多数观众都会愿意点赞。在视频结尾提醒或拜托点赞，能够触发部分观众点赞。在采用这一方法时要注意语气和描述，不能以威胁、恐吓的口吻来强迫他人点赞，这会引起观众的反感，如图4-8所示为在短视频中引导点赞。

图4-8　在视频结尾引导点赞

如果视频内容不适合以口述的方式来引导点赞，还可以在结尾用文字的方式提示点赞，如图4-9所示。

图4-9　结尾用文字方式引导点赞

以上方法也适用于引导关注，如在视频结尾加上一个点关注的按钮，或者加上字幕"关注××，带您了解更多××知识"，既不会引起粉丝反感，也能起到引导互动的作用，如图4-10所示。

图4-10　在视频结尾引导关注和互动

（2）标题中引导互动

在标题中同样可以引导互动，如果标题文案的内容较短，则可以在标题中加入引导互动的文案，如"学会了记得点赞支持一下哦""建议点赞收藏""为这温情的一幕点赞"等，只要内容本身是有价值的，观众常常会乐意点赞，如图 4-11 所示。

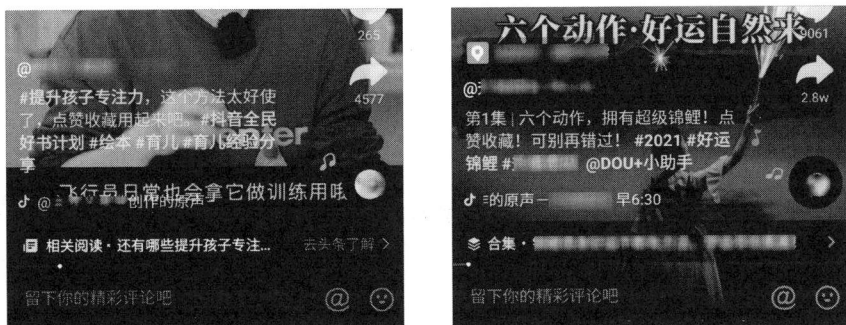

图 4-11　在标题中引导互动

（3）提出互动性的话题

在标题或视频中提出互动性的话题是提升评论量的有效方法，在设计互动性话题时，要确保这一话题与本条视频相关，或者是粉丝感兴趣的，这样才能引发观众的留言互动。如在视频中提问"你们还想看什么，欢迎在评论区告诉我""评论区留言，发详细教程"，在标题中提问"这些方法你知道吗"，此类互动性话题都有助于提高评论率，如图 4-12 所示。

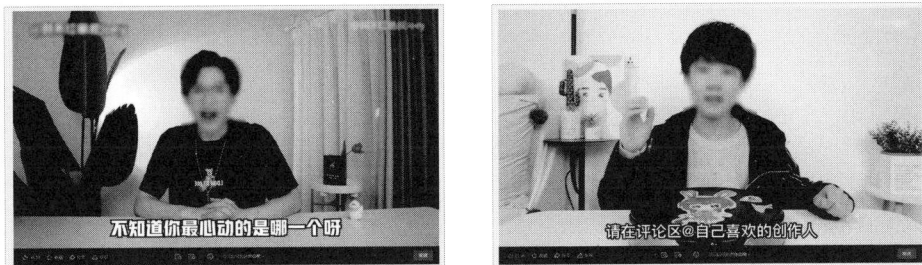

图 4-12　视频中提出互动性话题

（4）社交分享引导互动

对一条新发布的短视频而言，如果没有初始的播放互动，即使内容很好，也很难被再次推荐。因此，在短视频发布后，运营者可以将视频分享到朋友圈、社群中，让身边的朋友帮忙点赞、参与互动，使短视频在初期获取较好的互动反馈，如图4-13所示为分享抖音短视频给社交好友。

图4-13　分享抖音短视频给社交好友

4.2.3　提升短视频账号权重

短视频初始推荐量的大小还与账号的权重有关，高权重的账号更容易获得推荐，系统分发的流量池往往也更大，比如一个有100万粉丝量的高权重账号，其保底的推荐量可能就有10万，而一个只有100粉丝量的低权重账号，可能根本没有保底推荐量。

总的来说，高权重的账号更容易获得较高的初始推荐量，低权重的账号获得的初始推荐量难以相较。按照账号权重的高低，一般可将账号分为表4-1所示的4种类型。

表4-1　短视频账号权重分类

类型	特点
僵尸号	几乎不发短视频或者长期以来新发布的作品播放量都低于100
低权重号	账号权重较低，初始的推荐量也较低，新作品的播放量可能高于100，但不会超过300

续表

类型	特点
正常权重账号	账号权重正常，新作品的播放量有 500 以上，能够获得初始的一般推荐量，且有机会推荐到更大的流量池
高权重账号	账号的权重高，新作品的播放量能达到 10 000 以上，初始推荐量相对较大，视频有上热门的机会

短视频账号的权重会对作品的曝光量产生较大影响，以下因素都会影响短视频账号以及视频的权重。

◆ **完播率**：尽量提高新作品的完播率，且不要为了完播率发布时长太短的、无实质意义的短视频，保证短视频的时长至少在 15 s 以上。

◆ **点赞率**：点赞率很低的短视频不会获得二次推荐，尽量提高短视频内容质量，并通过点赞引导为视频争取更多点赞量。

◆ **评论率**：是留言人数与播放量的比率，视频评论率越高越能提高权重，通过设置互动问题、让好友评论等方式可提高评论量。

◆ **转发率**：视频转发数大也利于提高账号权重，可通过发布对用户有价值的内容来提高转发率。

◆ **涨粉率**：能够体现粉丝数量上涨的速度，通过优质视频＋完善的账号信息来提高涨粉率，账号越垂直越容易涨粉，发布热点短视频、提高内容制作水准也能够提高涨粉率。

◆ **垂直度**：内容深度垂直的账号更能够吸引精准用户，也利于提高账号权重，不要为了蹭热点而稀释垂直度。

◆ **活跃度**：指账号的活跃程度，账号长期的活跃度都为 0，会被系统判定为"僵尸号"，导致账号权重被降低。定期登录平台观看短视频，保持作品更新的频率，与粉丝互动，保证账号的活跃度。

◆ **健康度**：指账号的健康程度，遵守平台内容准则和行为规范，不发布打擦边球的短视频，避免账号因违规被降权。

新注册的短视频账号权重较低是比较正常的，除了可通过发布优质作品提高权重外，还可以通过完善账号信息、保持活跃度来提高账号权重。未实名认证、绑定手机号的短视频账号最好都进行实名认证，并且绑定手机号，尽量让账号在固定设备登录，且不要频繁做登录、登出的操作。

实名认证后若满足官方认证的条件最好去申请官方认证，因为官方认证用户一般能享受更多权益，如数据监测、流量推荐等，对提升账号权重有一定帮助。短视频账号官方认证的类型一般分为 3 种，包括个人、企业和机构，不同平台的认证规范会有所不同，下面来看看主流平台个人和企业官方认证的一些规范。

（1）抖音

个人认证的申请主体为个人、自媒体，包括兴趣认证和职业认证两种，兴趣认证适合公众人物、领域专家、网络名人申请；职业认证适合具有行业资质、社会职业身份的从业人员申请。

企业认证适合企业和个体工商户申请，不能以个人为认证主体，认证昵称需与营业执照一致，不能使用个人化昵称，且昵称中不能包含广告法严禁使用的词语，头像也要与企业主体相关联。

（2）快手

个人认证包括社区创作者、公众人物、职业认证 3 种，社区创作者需满足 5 个申请条件，分别为绑定手机号、完成实名认证、近期无违规行为、粉丝数 > 1 万、近一个月作品数 ≥ 5。

职业认证需满足绑定手机号、完成实名认证、近期无违规行为、近一个月作品数 ≥ 1 这 4 个条件。

企业认证适合知名企业，可以获得分销赚钱、线索管理、在线文档、地理位置、智能电话等权益。认证企业需为符合快手准入条件的企业，认证的主体名称需与营业执照一致，若不一致需提供商标或其他授权材料，特殊行业需要提供行业准入许可证。

（3）微博

微博个人认证类型较多，包括身份认证、兴趣认证、超级话题认证、"金 V"

认证、新鲜事认证、视频认证和文章 / 问答认证 7 种，前 6 种认证条件见表 4-2。

表 4-2　微博认证条件

类型	条件	认证特权
身份认证	清晰头像、绑定手机、关注数 ≥ 50、粉丝数 ≥ 50、互粉"橙 V"好友 ≥ 2	微博认证标识、Page 特权、粉丝服务站、官方推荐
兴趣认证	清晰头像、绑定手机、近 30 天发微博 ≥ 30 条、近 30 天阅读量 ≥ 5 万、指定的领域	微博认证标识、Page 特权、粉丝服务站、官方推荐
超级话题认证	上月考核通过的大、小主持人，超话内等级 ≥ 12 级的超话粉丝，均有申请超话专属认证的资格。申请账号需要完成身份验证、绑定手机号、有清晰的头像、粉丝数及关注用户数均 ≥ 50	认证成功后，不但能获得微博"橙 V"用户同等特权，还可不定期享受超话福利。超话认证可以与现有身份认证、兴趣认证、自媒体认证进行叠加（达人用户申请超话认证后，达人标识会自动撤销）
"金 V"认证	个人认证用户需满足近 30 天阅读量 ≥ 1 000 万、粉丝数 > 1 万、遵守社区公约，可升级为"金 V"	专属"金 V"标识、专属客服、专属推荐、专属权益
新鲜事认证	作者认证需满足头像清晰；绑定手机；新鲜事创建个数 ≥ 1，非草稿状态且无违规行为；至少 1 000 个新鲜事关注数不少于 200；近 30 天更新天数不少于 10 天；近 30 天至少 1 个新鲜事月阅读量大于 5 万	微博认证标识、官方推荐、专属权益
新鲜事认证	金牌作者认证需通过新鲜事作者认证；至少 1 000 个新鲜事关注数不少于 5 000；近 30 天更新天数不少于 20 天；近 30 天至少 1 个新鲜事月阅读量大于 20 万	标签保护、金牌作者专属标识、粉丝头条、微博认证标识、官方推荐、专属权益
视频认证	微博原创视频博主认证需满足拥有清晰头像、微博账号绑定手机、粉丝数与关注数 ≥ 50、1 年内视频发布量 ≥ 10、近 30 天视频社区原创投稿通过量 ≥ 2、近 30 天视频社区原创投稿播放量 ≥ 1 万	官方认证、更多曝光、涨粉资源、优先推荐
视频认证	微博 VLOG 博主认证需满足拥有清晰头像、微博账号绑定手机、粉丝数和关注数 ≥ 50、近 30 天 VLOG 频道投稿通过量 ≥ 4 条、近 30 天投稿 VLOG 的播放量 ≥ 5 000	官方认证、更多曝光、涨粉资源、优先推荐

续表

类型	条件	认证特权
视频认证	微博故事红人认证分为故事原创作者和故事红人两种，故事原创作者需要满足粉丝数和关注数 ≥ 50、近 30 天内发布优质原创微博故事 ≥ 8 条；故事红人除需满足以上条件外，还需微博"粉丝" ≥ 10 万或抖音/快手"粉丝" ≥ 50 万、积极参与主题活动/发布栏目化内容	涨粉资源、更多曝光、优先特权

微博企业认证为"蓝 V"认证，需提供企业营业执照和认证公函，认证成功后可获得"蓝 V"标识、广告折扣、推广工具和个性主页。

在账号运营过程中，还要避免因违规行为导致账号被扣分，使得账号中途被降权，如视频中使用不文明用语、打硬性广告等。以西瓜视频为例，其账号信用分为 0 ～ 100 分，信用 =100 分，可正常申请、使用相应权益；60 ≤ 信用分 <100，已有权益可使用，不能申请新权益；0< 信用分 <60，所有权益封禁，不可申请、使用；信用分 =0 分，账号封禁。如图 4-14 所示为西瓜视频信用分规则。

图 4-14　西瓜视频信用分规则

4.2.4　检测账号状态和健康度

短视频账号运营一段时间后，运营者可以对账号进行检测，了解账号的状态、健康度是否正常。以抖音为例，登录抖音 App 后，可在"功能列表"页面点击"账号检测"超链接，对账号状态进行检测，如图 4-15 所示。

图 4-15　抖音账号检测

另外，还可以通过短视频工具来查看视频质量风险和账号运营风险。打开短视频工具箱，在抖音视频链接文本框中输入视频链接，单击"免费查询"按钮，在"查询结果"中可以查看到数据，如图 4-16 所示。

图 4-16　视频质量风险查询

单击"账号运营风险"查询选项卡，输入抖音账号主页链接，单击"免费查询"按钮，在查询结果中单击"权重分"超链接。进入短鱼儿数据分析平台，单击"登录"按钮，如图 4-17 所示。

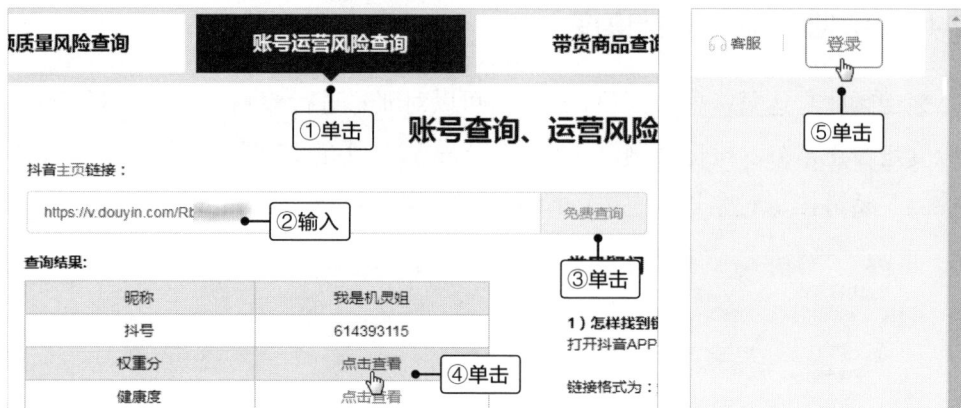

图4-17 账号运营风险查询

使用微信扫码登录，登录成功后可以查看账号分析数据，包括权重分、健康度等，如图4-18所示。

图4-18 查看账号权重分和健康度

4.2.5 参与平台内容创作活动

为鼓励创作者创作更多优质内容，营造良好的社区氛围，很多新媒体平台都会定期推出视频创作激励活动。参与创作激励活动不仅能获得流量扶持，还可以获得奖金、实物奖品等奖励。

这些活动的参与门槛通常都不高，只要内容符合活动要求且比较优质，小粉丝体量的账号、新注册的账号也有机会上热门，为账号带来不可估量的流量和粉丝。以抖音为例，抖音挑战赛常常能上"抖音热榜"，凭借着挑战赛的广泛覆盖性和强互动性特征，我们完全可以通过参与挑战赛让视频获得更高的曝光，如图4-19所示。

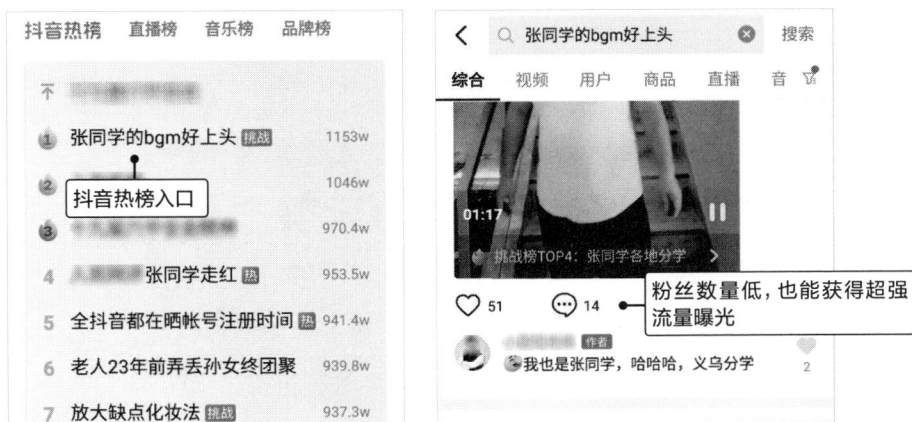

图 4-19　抖音挑战赛

参与创作活动，比较重要的一点是了解活动规则，明确活动开始和结束的时间、参与资格、内容规范、活动奖励等，如图 4-20 所示为快手达人挑战赛活动内容。

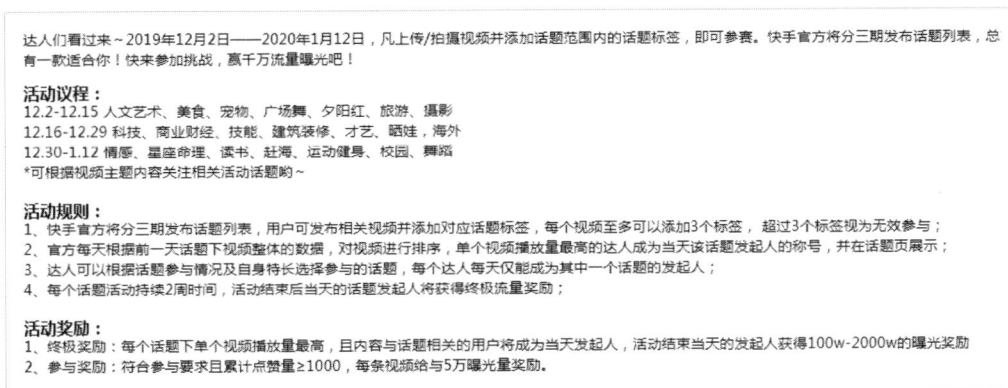

达人们看过来～2019年12月2日——2020年1月12日，凡上传/拍摄视频并添加话题范围内的话题标签，即可参赛。快手官方将分三期发布话题列表，总有一款适合你！快来参加挑战，赢千万流量曝光吧！

活动议程：
12.2-12.15 人文艺术、美食、宠物、广场舞、夕阳红、旅游、摄影
12.16-12.29 科技、商业财经、技能、建筑装修、才艺、晒娃、海外
12.30-1.12 情感、星座命理、读书、赶海、运动健身、校园、舞蹈
*可根据视频主题内容关注相关活动话题哟～

活动规则：
1、快手官方将分三期发布话题列表，用户可发布相关视频并添加对应话题标签，每个视频至多可以添加3个标签，超过3个标签视为无效参与；
2、官方每天根据前一天话题下视频整体的数据，对视频进行排序，单个视频播放量最高的达人成为当天该话题发起人的称号，并在话题页展示；
3、达人可以根据话题参与情况及自身特长选择参与的话题，每个达人每天仅能成为其中一个话题的发起人；
4、每个话题活动持续2周时间，活动结束后当天的话题发起人将获得终极流量奖励；

活动奖励：
1、终极奖励：每个话题下单个视频播放量最高，且内容与话题相关的用户将成为当天发起人，活动结束当天的发起人获得100w-2000w的曝光奖励。
2、参与奖励：符合参与要求且累计点赞量≥1000，每条视频给与5万曝光量奖励。

图 4-20　快手达人挑战赛

从上图可以看出，参与活动可以获得流量曝光，如果成为当天该话题的发起人，还能获得 100 万～ 2 000 万的曝光奖励。平台一般会在创作者服务中心公告创作活动，另外也可以关注官方账号，了解各种创作活动动态。下面来看看如何在抖音 App 中找到适合自己的创作活动。

打开抖音 App 并登录，在"我"页面点击"≡"按钮，在打开的列表中点击"创作者服务中心"超链接，如图 4-21 所示。

图 4-21　登录抖音 App

在打开的页面中点击任务中心的"查看更多"超链接，进入"任务中心"后可以查看到不同类型的创作活动，点击活动名称超链接，如图 4-22 所示。

图 4-22　进入任务中心

在打开的页面中可以查看任务要求、任务奖励、规则说明、精选视频等内容，如图 4-23 所示。

图 4-23　查看活动玩法

TIPS 发起活动助力品牌曝光

对企业或商家而言，可以通过发起话题活动、挑战活动、节日活动等视频创作活动，来为品牌造势，促进新品推广。在发起创作活动时，要注意话题名、活动规则、互动玩法的设计，话题名会影响用户的参与度，活动门槛太高则会降低用户互动的热情，有趣、新颖的玩法更能受到创作者的喜爱。

4.3 站内工具助力视频曝光

官方推广工具也是短视频营销引流常常会使用的辅助工具，这些工具通常能带来视频播放量的有效提升，让推广视频精准打入目标人群，深化用户对产品或品牌的认知。

4.3.1 使用营销推广免费工具

短视频平台提供的推广工具主要可分为两种，一种是免费工具，另一种是付费工具。其中，置顶就是实用的免费推广工具。置顶是将需要重点推广的视频放在个人主页的最前面展示，让每个点击账号主页的用户都能在第一时间看到推广的视频，如图 4-24 所示为抖音和快手的置顶功能。

图 4-24 抖音和快手的置顶功能

下面以抖音为例，来看看如何使用置顶功能。在抖音 App 中找到需要置顶的视频，点击"███"按钮，在打开的页面中点击"置顶"按钮，如图 4-25 所示。

图 4-25　单条短视频置顶

视频的评论区也能进行营销推广，是树立账号良好形象的重要区域。通常情况下，点赞量高的评论会排在前面，但并不是所有高点赞的评论都是正面而有积极作用的。运营者可以将正面的评论，或有利于引导关注、转发的评论置顶，从而实现正向的评论推广，如图 4-26 所示为抖音和快手评论的置顶功能。

图 4-26　抖音和快手的评论置顶功能

4.3.2　短视频付费广告投放

新媒体平台为需要进行营销推广的用户提供了付费推广渠道，付费推广能够高效提升短视频的播放量和互动量，帮助锁定目标人群。如抖音的 Dou+ 推广、开屏广告、信息流广告和搜索广告都属于付费广告，下面来看看这几种付费广告的区别。

（1）Dou+ 推广

Dou+推广是抖音官方推出的内容加热和营销推广工具,可帮助实现视频推广、直播推广、营销推广等目标。Dou+ 有两种投放方式,一种是速推版,另一种是定向版。

- **速推版:** 速推版的投放页面比较精简,只保留了重要的功能选项,操作简单,适合新手,可以快速进行智能投放。投放时根据推广需求选择推荐人数、要提升的数据,如点赞评论量或粉丝量,如图 4-27 所示。

图 4-27　速推版投放页面

- **定向版:** 定向版的功能更强大,投放目标和投放方式都更细分,能满足用户多元化的投放需求,适合有一定投放经验以及有定向推广需求的用户。如想要实现涨粉,可选择"粉丝量"为投放目标,根据推广需求来选择投放时长以及潜在兴趣用户,通过有针对性的投放设置,可以使内容推广更垂直,对标精准目标人群,如图 4-28 所示为定向版投放页面。

图 4-28　定向版投放页面

Dou+ 可以直接在抖音 App 上进行投放，一次投放的流程大致有 4 步，具体如图 4-29 所示。

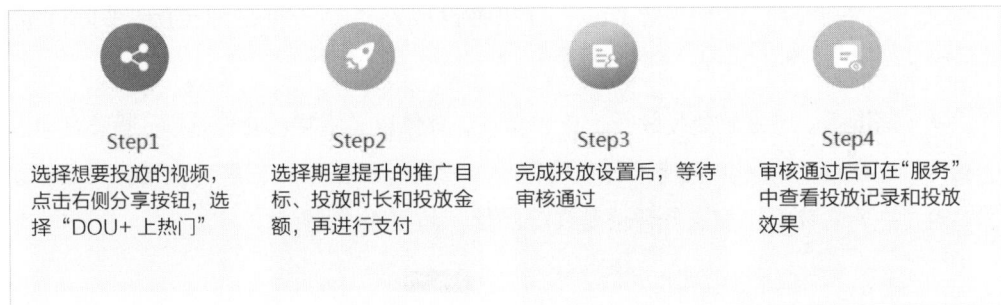

| Step1 | Step2 | Step3 | Step4 |

Step1
选择想要投放的视频，点击右侧分享按钮，选择"DOU+ 上热门"

Step2
选择期望提升的推广目标、投放时长和投放金额，再进行支付

Step3
完成投放设置后，等待审核通过

Step4
审核通过后可在"服务"中查看投放记录和投放效果

图 4-29　Dou+ 投放流程

（2）开屏广告

打开抖音 App，在没进入视频播放页前，我们会先看到一条广告，这个广告就是开屏广告。开屏广告在抖音 App 开屏时展现，具有很强的视觉冲击力，可以助力品牌、产品、活动实现强曝光。大多数新媒体平台都有开屏广告营销产品，其展示方式基本一致，都是在 App 开屏时展现，如图 4-30 所示为微博和抖音的开屏广告展现形式。

图 4-30　抖音、微博开屏广告展现形式

开屏广告适用于品牌推广、新品上市推广、明星代言产品推广、营销活动推广，有图片、视频、动图等展示形式。广告会在开屏界面停留展示几秒，用户可点击屏幕中的按钮直达对应的落地页。

开屏广告在 App 第一视觉入口，因此具有强曝光、沉浸式展示的优点。运营者可利用开屏广告为活动页面导流，为新品造势。开屏广告的展示位置极佳，曝光量巨大，这也决定了该位置的广告费不会很低。

TIPS 如何提高开屏广告投放效果

为确保广告内容与品牌、产品或活动相契合，提高广告内容对用户的吸引力，需对目标人群进行分析，了解目标受众活跃时间、兴趣偏好等，选择最为合适的受众定向投放，确保开屏广告能够捕捉到更多的精准用户。落地页最好设置为能直接实现用户转化的页面，如活动参与页面、购买页面等。投放后进行效果分析，结合数据对广告投放策略进行优化。

（3）信息流广告

信息流广告穿插在视频推荐页中，以竖屏方式展现，内容表现形式与短视频一致，只是页面底部会有明显的"立即下载""立即购买""私信咨询"按钮。如果浏览者对广告内容感兴趣，可以点击按钮进入详情页。如图 4-31 所示为抖音信息流广告展现方式。

图 4-31　抖音信息流广告展现方式

抖音信息流广告可以实现定向推广，根据推广需求面向不同类型的人群进行展示，精细化的人群定向能够提升营销转化率。信息流广告适合大多数广告主，如有本地营销需求的线下门店、有直播曝光需求的达人、有应用推广需求的企业。

TIPS 如何提高信息流广告投放效果

充分利用精细化人群定向优势，提高信息流广告的转化率。避免粗制滥造的广告内容，用画质清晰、生动有创意的视频内容来吸引用户互动，给用户良好的视频观看体验。设计重点突出、清晰明了的落地页，减轻用户阅读的负担，用点击、在线下载等按钮引导用户转化。

（4）搜索广告

搜索广告是基于用户搜索来进行推广的一种广告方式，在抖音 App 中，搜索广告有 5 种广告类型，分别为品牌专区、抖音热榜、搜索彩蛋、竞价广告和精准广告，其展现方式见表 4-3。

表 4-3　抖音搜索广告类型

广告类型	展现方式
品牌专区	用户在抖音搜索界面搜索，命中广告主品牌词后，在搜索结果页首位展示品牌信息，品牌视频自动播放
抖音热榜	搜索页"抖音热榜"的第 6 位展示品牌热点词，点击后可进入结果页
搜索彩蛋	用户在抖音搜索界面搜索，命中广告主品牌词后，弹出全屏 Lottie 动画，具有很强的趣味性，点击"彩蛋"可进入转化落地页
竞价广告	在搜索结果页中，第 2 ～ 10 位与用户内容混排，展示 1 条竞价广告
精准广告	当用户搜索 App 名称时，可触发下载卡样式；当用户搜索特定品牌词时，将在首页展示精准卡片

利用搜索广告，广告主可以实现内容营销、活动营销、产品营销，如将用户引流至店铺页面实现成交。另外，搜索是用户主动意图的一种体现，相比被动式的广告推送，转化率会更高。在运用搜索广告这一推广工具时，要注意搜索词和投放区域的设置，如图 4-32 所示为抖音搜索广告的两种展现效果。

图 4-32　抖音搜索广告的两种展现效果

抖音付费广告的计费方式包括 CPT、CPC 和 CPM，这 3 种计费方式的特点如下。

◆ CPT 是英文 "Cost Per Time" 的缩写，指按投放时间计费，广告主可以在 24 小时内的任一时间段投放广告，用户在该时段打开 App 可以看到广告，其他时间则不会进行广告展示。优势是能够实现大量曝光，且可以根据时间段来实现推广，主要应用于开屏广告。

◆ CPC 是英文 "Cost Per Click" 的缩写，指按点击计费，即只有当用户点击了广告链接后，才会收取广告主的广告费。优势是只有在点击时才计费，相对来说能在一定程度上节省广告成本费，一般应用于信息流广告、关键词搜索广告。

◆ CPM 是英文 "Cost Per Mille" 的缩写，指按 1 000 次展示计费，即千次展示只收取一次费用，优势是能带来稳定的展示曝光，避免广告被竞争对手或其他用户恶意点击，一般应用于信息流广告。

以上 3 种计费方式各有优势，并不能说哪种收费方式最好，运营者要结合营销需要、广告费预算来合理选择。

不同平台由于界面、内容展现形式不同，提供的付费推广工具也会有差别，但其内核实际上大同小异，运营者可登录平台查看具体的投放规则和计费方式。如快手的付费推广方式有快手粉条（作品及直播间推广，与 Dou+ 有相似之处）、信息流广告、开屏广告等。

4.4 不同平台上热门的技巧

短视频能否上热门，受多种因素的影响。不同的平台由于推荐机制不同，上热门的策略也会不同，下面以常见的视频平台为例，来看看一些上热门的技巧。

4.4.1 抖音短视频

在抖音短视频平台，影响作品上热门的因素有账号权重、视频质量、账号活跃度等。抖音的推荐机制类似于一个漏斗，按照小流量池→中流量池→大流量池的算法原理来推荐，如图 4-33 所示为抖音推荐漏斗模型。

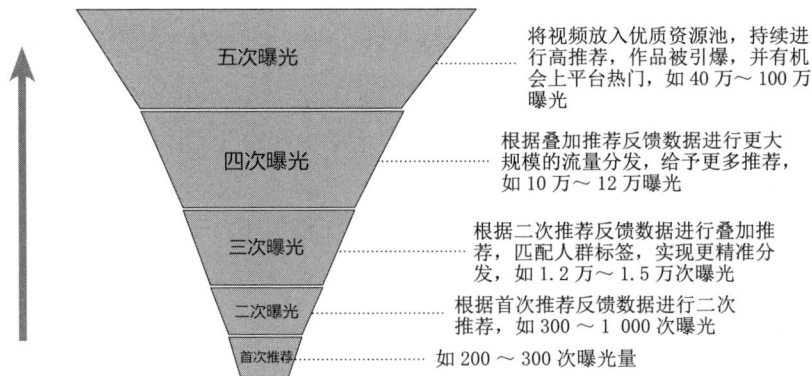

图 4-33　抖音推荐漏斗模型

结合机器和人工审核环节，抖音推荐的大致流程是机器智能审核→人工审核→第一次推荐→二次推荐→叠加推荐→多次推荐。一条视频要想得到抖音的多次推荐，要善于运用以下技巧。

①完善账号信息，保持账号活跃度，提高初始推荐量。

②发布符合平台规范的优质短视频，保证视频画质清晰、背景干净，没有其他平台水印，字幕、封面美观。

③设置合理的关键词，让视频内容标签精准，提高视频被推荐的精准度。

④适当运用官方推广工具，在视频发布后帮助提高点赞、评论和转发的数据，以使视频能获得叠加推荐。

⑤参与有流量加持的官方活动，如挑战赛、贴纸拍摄等内容创作活动。

⑥运用标题设计、封面设计、内容发布投放以及提高互动率的技巧，多方面助力视频上热门。

TIPS 抖音标签的两种类型

　　抖音标签分为用户标签和创作者标签两种，两种标签并不冲突，运营者需要做的是让系统为账号打上合适的创作者标签。比较快速的打标签工具是 DOU+，通过自定义定向推荐、达人相似粉丝推荐来为账号 / 视频打标签以及强化标签。注意，打标签的前提是账号定位明确，视频内容有一定的垂直度。

4.4.2　微博视频

　　微博首页的热门推荐分为总榜和分榜，总榜收录不限制领域的热门微博内容，分榜按照领域推荐微博内容，所推荐的内容包含图文和视频。在 2020 年 7 月，微博正式推出了微博视频号，因此，微博中也有了单独的"视频"版块，该版块专门展示视频社区的优质视频，如图 4-34 所示为两个版块的展现方式。

图 4-34　微博推荐版块

对短视频创作者来说，可以先开通微博视频号，获得微博提供给视频创作者的专属服务，这样更有利于视频上推荐。微博视频号的权益分为3个档位，分别是产品权益（加入即享有）、进阶权益（满足条件可解锁）、高阶权益（深度合作专属），见表4-4。

表4-4　微博视频号专属权益

权益类型	权益说明
产品权益	1. 专属主页及勋章：享有专属主页、专属功能、专属视频号勋章 2. 粉丝催更区：治疗拖更的利器，让粉丝催更有组织 3. 自制保护权益：保护原创视频，替换侵权链接 4. 视频数据中心：多维度视频内容分析系统，让创作再也不盲目 5. 创作首页：视频管理、视频学院、活动中心等一应俱全 6. 实际加入的用户还会享有很多其他功能项
进阶权益	1. 引力计划：视频广告分成模式，通过优质内容获得高额收益 2. 精准投放包：开放粉丝通、视频流曝光资源，让内容准确触达 3. 账号成长包：提供涨粉包＋涨粉现金红包，助推账号成长
高阶权益	1. 品牌曝光包：开机等微博核心曝光资源，打造品牌视频号 2. 顶流直升车：PUSH、热门等核心内容位，打造爆款视频 3. 出圈助推器：联动媒体及公关资源，把小众推向世界

获得进阶权益的条件是：月投稿通过量 ≥ 2 条或月发布原创小视频 ≥ 5 条，且月总播放量 ≥ 5 000，即可优先解锁。深度合作主要是指跟微博签约的账号。

目前，微博视频号的开通门槛比较低，只需关注"微博视频号"官方账号即可。在"微博视频号"私信聊天窗口点击"开通视频号"按钮，在打开的页面中点击"开通"按钮即可，已开通视频号的账号会显示"已开通"，如图4-35所示。

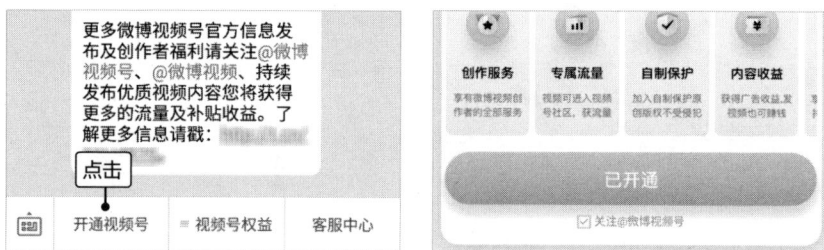

图4-35　开通视频号

开通视频号后，可以选择将视频投稿到视频社区中，并设置频道、标签，便于视频被推荐到具体的版块中。

需要注意，视频社区是基于垂直兴趣消费及互动的社区，只有投稿通过的视频才能够进入社区，成功收录到视频社区的内容会得到更多曝光机会和精准兴趣流量的扶持。投稿时注意以下要点，以提高投稿通过率以及被推荐的机会。

◆ 投稿视频内容不得违反法律法规，要坚持弘扬正确的价值观。

◆ 投稿视频内容应遵守《微博服务使用协议》。

◆ 投稿视频应是清晰度 720 P 及以上有封面有标题的视频内容。

◆ 部分频道对视频时长有特殊说明，需注意具体分区频道的要求。

◆ 设置 30 字以内完整的标题，10 ～ 20 字为佳，优秀的标题能带来更多人观看。

◆ 通过优秀的封面来吸引用户点击，让视频脱颖而出。

◆ 自制视频合集，开启时长及高清权限，使视频收获更多粉丝喜爱。

◆ 设置合适的频道分类、标签以及视频类型。

如图 4-36 所示为微博视频发布页面，在该页面注意设置"开启投稿"以及频道、标签、类型等。

图 4-36　微博视频发布页面

在微博视频社区还有日榜排行榜，该排行榜是微博社区官方的视频排行榜，每日会精选视频内容进行上榜推送，如图 4-37 所示。

图 4-37　微博视频社区排行榜

微博视频社区排行榜的上榜规则如下所示。

◆ **排名规则**：综合参考播放量、互动量（转发/评论/点赞/分享/收藏）、完播人数、完播率等指标。

◆ **上榜范围**：只有投稿通过的，并投稿到对应频道的视频才可进入该频道榜单。

◆ **互动说明**：除了"转、评、赞"等互动数据外，分享、收藏能够带来更多曝光及再次消费的可能，进而提高排名。

◆ **完播说明**：完整看完视频的人数、视频发布时长、视频的人均完播率，都会影响排名。

◆ **反作弊**：榜单数据会进行严格的数据筛查，排名时后台已排除垃圾数据干扰。

了解了微博视频社区的上榜规则后，运营者就可以结合以上规则进行短视频投稿和内容运营，让视频有机会上热门，包括让视频质量达到收录标准，视频发布后利用微博推广工具提高互动数据等。

4.4.3　小红书

在小红书中有 3 个比较重要的流量入口，一是搜索；二是发现；三是视频。搜索页面基于用户搜索的关键词来匹配内容；发现页面是小红书根据用户喜好推送的优质内容，包括图文和视频；视频页面展示小红书推荐的视频作品，如图 4-38所示为小红书内容呈现方式。

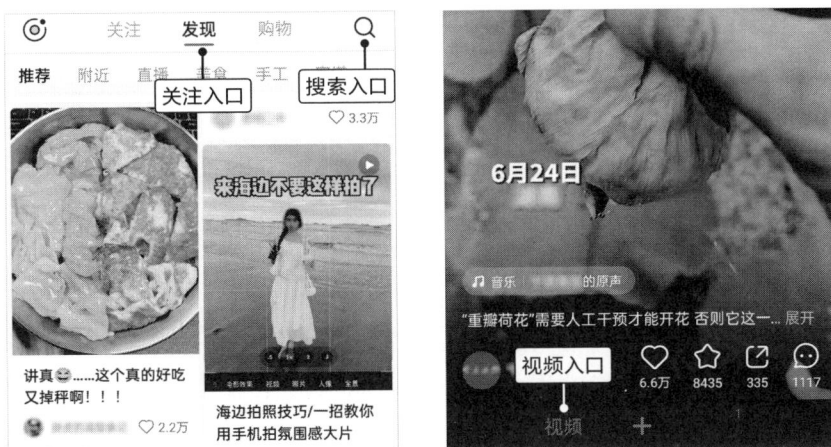

图 4-38 小红书内容呈现方式

这 3 个页面都是重要的内容曝光渠道，如果视频能被这几个渠道推荐，那么将能获得更多流量曝光。从小红书的搜索推荐机制来看，小红书会根据用户输入的关键词以及兴趣偏好来推荐符合用户需求的内容，因此，要让视频排在搜索结果的前面，视频的标题、正文、标签等信息就要与用户的搜索有较高的匹配度。另外，作品质量也会影响搜索排名，如果视频的播放量、点赞数、评论数等指标较高，那么就有机会排在搜索结果前面。

以搜索"室内绿植"为例，在搜索结果页会显示综合推荐的内容，同时小红书还会提供其他分类的推荐，如图 4-39 所示。

图 4-39 关键词搜索结果

了解了小红书的搜索排名原理后，在创作视频时可以采用以下技巧来提高视频搜索排名和曝光度。

- **准确使用标签：** 在小红书发布视频时可以添加标签，要选择与视频内容相关的、用户搜索频率高的标签。另外，还可以根据内容所属的类别来选择 2～3 热门标签，以帮助提高曝光率。

- **优化视频标题：** 标题要能准确反映视频内容，同时在标题中使用合适的关键词，注意关键词的分布要合理，不能过度堆砌关键词。

- **提高视频质量：** 注意视频的质量和原创性，通过提供有价值、有吸引力的视频来增加用户的互动性和留存率，从而提高账号和内容的权重。

"发现"和"视频"版块为系统自动推荐页面，平台会根据用户设置的标签来推荐他们可能感兴趣的内容，第一轮推荐后会根据内容的点赞、收藏、评论和转发数据来决定是否给予更多曝光机会。因此，为提高视频上热门的机会，需要让系统将内容推送给精准用户，以获得好的数据反馈。以下技巧可以帮助视频内容上热门。

- **聚焦内容领域：** 做好账号定位，保持同一领域内容输出，以便于系统为账号打上合适的标签。如果内容很杂乱，没有明确的定位，那么系统可能无法准确识别分类，也无法将内容推送给感兴趣的用户或精准用户。

- **内容符合用户需求：** 小红书的用户群体大多为年轻女性，在进行视频创作时也要考虑小红书的平台特定和用户画像，以创作符合小红书属性的内容，如围绕 20～35 岁的女性用户来创作她们感兴趣的内容。

- **写好标题文案：** 小红书是一个分享型的社区，在撰写标题文案时，最好涵盖视频的主题内容，以让用户一眼就知道我们分享的内容是什么，这能提高内容点击率。要学会在标题中运用关键词，以吸引用户的眼球，常用的关键词有人群关键词、行为关键词、热搜关键词、产品关键词、领域关键词等，如打工人、考研党、美白面膜、小众美妆、街拍指南等。

- **提高封面吸引力：** 从小红书发现页面的展现方式来看，其采用的是双列瀑布流模式，用户可根据个人需要来挑选内容。在这种展现方式下，封面是否具有吸引力就很关键了，决定了用户是否会点击该内容。在小红书中，干净整洁、真实美观、视觉冲击力强的封面往往更受欢迎，常见的爆款封面类型有多图拼接型、纯文字型、抠图整合型、简约实景型等，如图 4-40 所示。

图 4-40 小红书封面示例

◆ 发布灵感笔记：对于小红书新手创作者来说，可通过参与官方创作活动帮助账号获得额外的流量曝光。如每周持续发布笔记灵感可获得大额流量券，创作者可进入"创作灵感"页面，发布灵感主题相关笔记，如图 4-41 所示。

图 4-41 小红书笔记灵感

优质的内容还有机会上榜荣誉周榜，但要注意，发布的笔记需符合要求才能瓜分流量包，一旦平台发现创作的内容存在违反规则的情况，将取消评选资格，收回奖励，具体要符合以下 5 点要求。

①需从笔记灵感功能页面发布灵感主题相关笔记。

②非删除、仅自己可见、违规等异常状态。

③内容为原创，不涉及抄袭、搬运、洗稿等问题。

④非商业合作，无软广问题。

⑤传播正确价值观，符合社区公约相关要求。

官方每周会评选100位优质参与作者，优质作者可获得高额流量券奖励，以及专属社群服务等奖励权益，优质周榜的奖励标准见表4-5。

表4-5 优质周榜奖励标准

奖励标准	说明
内容优质	笔记原创：作者原创，且首次在小红书发布。 信息价值：传递有意义的信息，给粉丝们带来正向的阅读体验。 主题鲜明：笔记内容与所选择的「笔记灵感」选题强相关，表达完整。 画面美观：画面富有美感，无黑边、大面积马赛克、水印、二维码、字母重叠等影响观感的元素
真诚分享	分享真实生活，传递正能量观念。无推广、营销和其他平台导流嫌疑
加分项	特色突出，内容具有鲜明的个人特色，如真人出镜、深度观点、创意十足等

第 5 章

短视频运营导流与粉丝维护

做短视频营销，粉丝的积累和维护是极其重要的。在运营过程中，不仅要不断地吸引新粉丝关注，还要维护好老粉丝，提高粉丝的黏度。通过粉丝运营把陌生粉丝培养为忠实粉丝，这样才更容易实现转化。

账号引流吸粉方法

将视频分享到好友圈
制作海报分享推广
关注他人获得推荐
社群推广外部引流
策划视频关注活动
强强联手互荐引流
评论互动获取关注

短视频矩阵运营玩法

搭建短视频矩阵的好处
搭建矩阵的5种成功模式

5.1 账号引流吸粉方法

持续发布优质视频内容是提高粉丝量最核心的方法，除此之外，运营者还可以通过其他新媒体渠道为账号引流，特别是对新建立的账号而言，更需要前期的的主动引流来为账号吸粉。

5.1.1 将视频分享到好友圈

短视频发布后，运营者可以将视频多渠道分享，让作品尽可能地得到更多曝光，同时也为账号带来更多新粉丝。以抖音短视频为例，运营者可以将抖音视频分享到抖音群、朋友圈、QQ 空间，私信发给微信好友、抖音好友、QQ 好友、微博好友、等，通过社交圈子来为账号引流。

可以以抖音口令的方式分享视频，也可以下载视频后以内容发布的形式分享，如果其他新媒体平台也运营了短视频账号，在发布内容时可以不带抖音水印，用文案来引流。反之，则可以保留抖音水印，让用户能够通过抖音号搜索的方式关注账号，如图 5-1 所示为通过微博为抖音号引流。

图 5-1 通过微博为抖音号引流

采用此方法时还要注意平台对内容的要求，部分平台不允许视频内容中带有第三方平台水印。除了可以将视频分享到新媒体渠道引流外，还可以通过账号主页截图或者二维码名片推广来引流，图片上的账号名要清晰，以让用户能看清楚账号名，能通过搜索、扫码的方式关注账号，如图5-2所示。

图5-2　抖音账号名片引流

下面同样以抖音短视频为例，来看看如何生成账号二维码名片。打开抖音App，在"▤"下拉列表中点击"我的二维码"超链接，在打开的页面中点击"保存"按钮下载抖音账号名片，如图5-3所示。

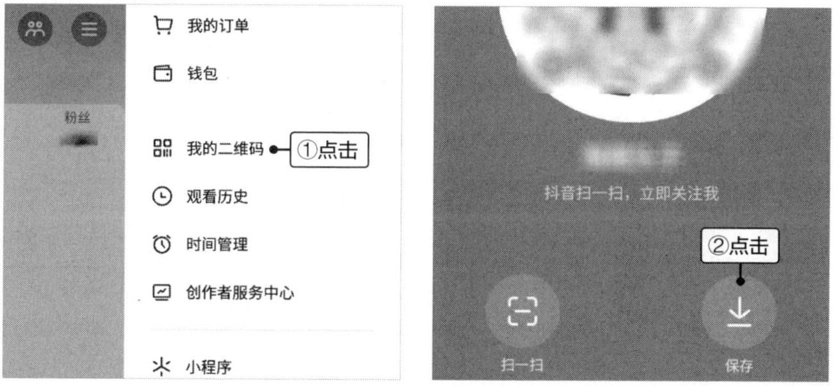

图5-3　保存抖音账号名片

5.1.2　制作海报分享推广

海报推广是很多企业在进行活动、产品推广时常用的营销工具。这一工具也可以运用于短视频账号推广中，运营者可以将推广海报分享到其他第三方平台，如朋友圈、公众号、微博中，引导用户关注账号。

推广海报能以"轻资讯"的方式在新媒体平台快速传播，要让推广海报发挥引导关注的作用，还要注意海报的视觉设计。让推广海报看起来美观直接，能在视觉上吸引用户的注意力。如图 5-4 所示为抖音推广海报，左图看起来就比右图更具吸引力。

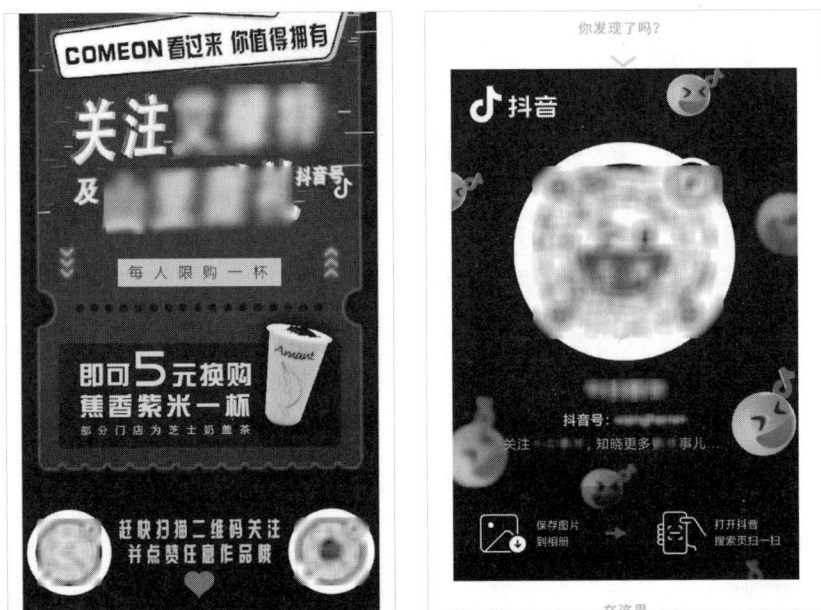

图 5-4　抖音推广海报

发布推广海报时，可以用文字信息简单介绍下账号，说明关注的方法等，这样可以提高账号被用户关注的概率。在新媒体平台，可以用轻松有趣的语言来写推广文案，以拉近与用户之间的距离，让用户觉得这是与朋友之间的交流。应避免很硬的广告语，这样容易引起反感。如图 5-5 所示为通过公众号为抖音账号引流的推广文案，文案简单说明了关注后可以获得什么，更能触发用户关注账号的行为。

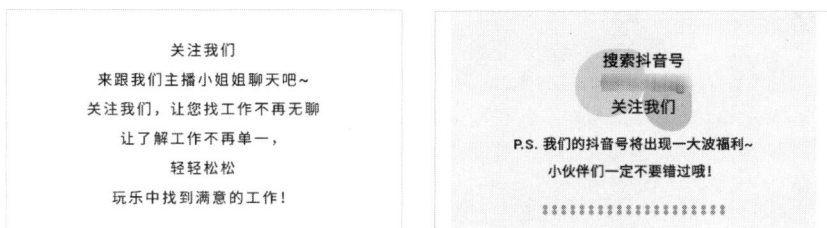

图 5-5　通过公众号为抖音账号引流

推广海报中，账号二维码、引导关注文案是必不可少的部分。运营者可以利用二维码生成器生成账号二维码，然后制作具有个性化的推广海报。下面以草料二维码生成器为例，来看看如何生成账号二维码。

进入草料二维码首页，单击"网址"选项卡，将复制的短视频账号链接粘贴在文本框中，单击"生成二维码"按钮。在页面右侧会自动生成二维码，单击"下载图片"按钮下载二维码，如图 5-6 所示。

图 5-6　生成账号二维码

5.1.3　关注他人获得推荐

在短视频账号运营初期，还可以通过关注他人的方式来获得回关。通过前面的内容可以知道，平台还会根据社交关系进行推荐。基于该推荐机制，平台也会将视频推荐给我们关注的用户，并在视频推荐中提示"该用户关注了你"，这可以帮助账号实现回关，如图 5-7 所示为抖音视频推荐页面。

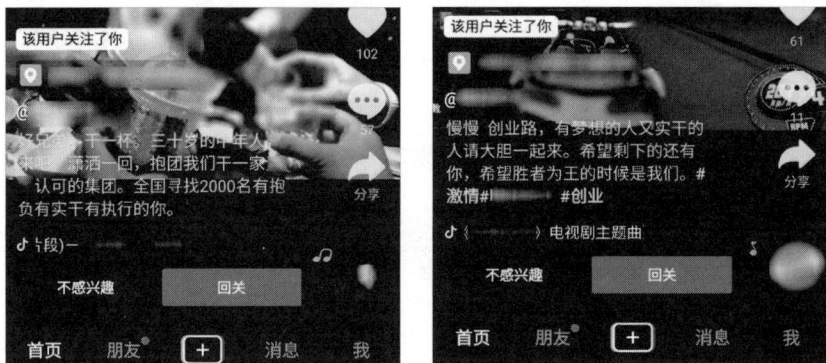

图 5-7　抖音视频推荐页面

另外，关注他人后，在他人的"粉丝"列表中会有展现，这也能帮助我们实现账号回关。以抖音为例，在"粉丝"列表和"你可能感兴趣"列表中都有"回关"提示，如图 5-8 所示。

图 5-8　抖音"回关"提示

互粉回关也要讲究策略，这样才能提高回关率，具体可参考以下一些互粉策略来帮助新账号提升粉丝量。

◆ 选择互粉账号时，不要选择粉丝体量很大的视频创作者，他们的账号已经拥有了大量粉丝，不太可能会回关我们。

◆ 不要随机选择视频发布量为 0 的短视频账号，这类账号一般不会主动创作短视频，也不需要粉丝，自然也较难实现回关。

◆ 不要关注长时间不更新视频的自媒体账号，这类账号可能已经放弃运营或者很少登录平台，活跃度很低，很难实现回关。

那么新手账号要如何实现回关呢？以抖音为例，首先可以去竞品账号"粉丝"列表中寻找目标，选择有作品更新，但粉丝体量不高的自媒体创作者主动关注，因为这类用户才是真实的活跃用户，也可能对我们的视频感兴趣，如图 5-9 所示。

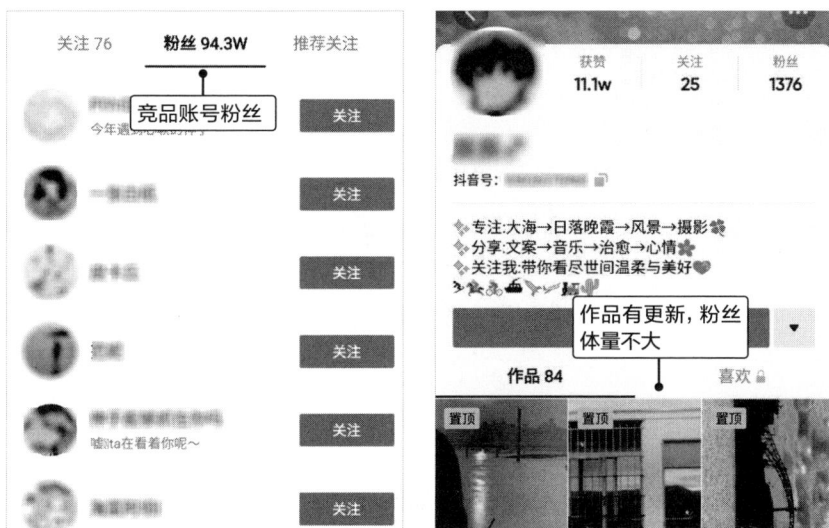

图 5-9　选择互关目标用户

其次，可以选择"推荐关注"列表中的目标用户，这类用户实现互关的可能性会较大。抖音可能基于下列信息向我们推荐朋友或可能感兴趣的人。

- ◆　你或其他人上传的通讯录。
- ◆　你的粉丝或者你关注的人。
- ◆　与你有共同朋友关系的人。
- ◆　你及其他用户在个人主页选择对外展示的资料（例如所在地、学校等）。
- ◆　你及其他用户的互动行为。
- ◆　及经你授权的精确地理位置信息。

在"推荐关注"中可以看到"可能感兴趣的人"，点击账号头像进入账号主页，查看该账号的简介、作品等，看该账号是否有可能实现互粉回关。如果账号没有授权通讯录，还可以授权通讯录，查看通讯录中有哪些朋友在使用抖音，此类用户对你有较高的信任度，也更容易实现互关，如图 5-10 所示为"推荐关注"列表，点击"移除"按钮可移除该朋友推荐。

图 5-10　抖音推荐关注列表

TIPS 让抖音把账号推荐给"可能认识的人"

在抖音的"隐私设置"中打开"推荐给可能认识的人"的开关，关闭后，抖音不会因为你们可能认识，或对方通讯录中存储了你的手机号码，而将你和你的内容推荐给对方。此外，你的朋友也不再因为你而被推荐给你的其他朋友，如图 5-11 所示。

图 5-11　开启"推荐给可能认识的人"

在初期养号阶段，也会有用户主动点赞、评论我们的视频，运营者可以主动关注这些点赞、评论的用户，吸引他们回关账号。相比其他用户，这些用户的精准度更高，也更容易对我们的视频感兴趣。在后期运营中，也更容易对作品完播率、互动率提供良好的反馈数据。在抖音个人作品页面，点击点赞账号的头像，即可进入该用户的主页，如图 5-12 所示。

图 5-12　查看点赞用户

除此之外，也可以在抖音"全部消息"页面查看点赞、评论的用户，选择这些用户进行回关，如图 5-13 所示。

图 5-13　查看抖音"全部消息"页面

关注他人后，可以私信一条招呼语或者说明来意，其目的是让对方知道关注了他，以提高回关率。另外，还可以加入短视频运营社群、自媒体运营 QQ 群、微信群，与群里的运营者合作互粉。

需要注意，互关引流更适合初期养号阶段。不要选择活跃度低、普通陌生人互关，这些用户在互关后常常不会完整观看我们的视频，互赞也基本上是秒赞，会拉低视频完播率，不利于账号运营。但相对精准的互关，对账号运营则是有利的，这些用户极有可能成为忠实粉丝。

5.1.4　社群推广外部引流

社群即社会群体，我们熟悉的微信群、QQ 群、微博群、抖音群都是社群的载体。相比其他引流方式，社群引流具有以下优势。

◆ 与其他付费引流方式相比，社群引流的成本更低。

◆ 社群是基于兴趣、圈子、人脉所建立的，成员间一般有着共同的话题和需求，互动联系也会更紧密，这使得社群中的用户通常是精准粉丝。

◆ 社群可以通过社交圈子实现高效传播，如果有一个用户在新媒体平台推荐了我们的视频，基于熟人的社交关系，这条视频可能会获得更为广泛的传播。

◆ 社群搭建的门槛较低，运营者可以加入他人的社群，也可以自己组建社群，在粉丝维护阶段，还可以利用社群沉淀粉丝。

在做社群引流时，首先要找对社群。这里可以按平台来选择，比如我们运营的账号是微信视频号，那么就在微信平台中找合适的社群；如果运营的账号是微博视频，则可以选择加入合适的微信群，选择同一平台的原因在于站内推广引流不容易受外链限制。

目标社群并不是随便选择的，吸引精准粉丝才是我们的首要任务。运营者可以根据账号的内容定位来选择目标社群，比如账号的内容方向是摄影，那么可以加入摄影社群；如果视频内容是关于 Office 办公技巧的，则可以加入 Excel、WPS 学习社群。下面以抖音为例，来看看如何加入抖音群。

在抖音创作者账号主页点击"粉丝群"按钮，在打开的页面中选择社群，点击"申请加入"按钮，如图 5-14 所示。

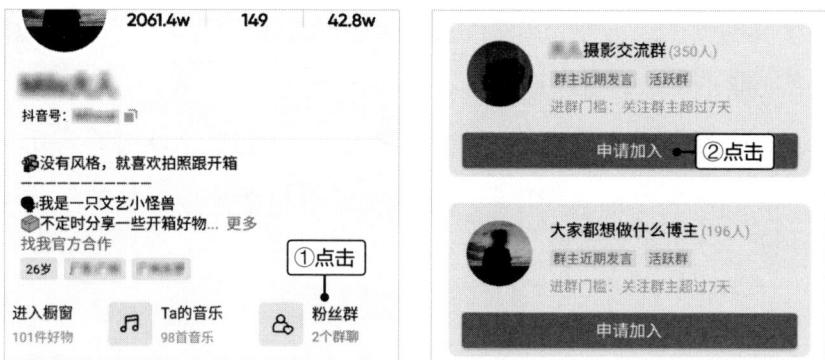

图 5-14 加入抖音社群

加入社群后不要马上开始引流推广，首先要查看社群规则，既能了解这个社群的定位，也能明确社群禁忌，因为部分社群对内容发布有明确的限制，如图 5-15 所示为某社群规则。

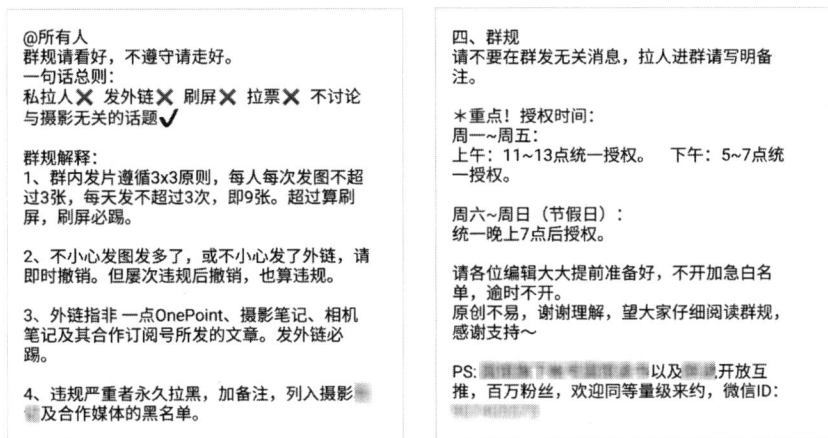

图 5-15 社群规则

做社群引流，还要了解一些社群社交礼仪，通过良好的社交礼仪与群主、管理员、群友搞好关系，这样在进行视频、账号推广时，更易得到群主的同意，也能有效提高涨粉率，常见的社交礼仪有以下一些内容。

- 新人入群先简单介绍一下自己，如果有群友发了欢迎语，可以回应"谢谢""今后请多多关照""感谢大家的欢迎""大家好，以后请多多指教"等。

- 遵守社群规则，如果觉得群规过于严苛，或者不认可群规，可以主动退群。不要发布触犯群规的内容，如社群明确禁止的外链，这样会被群主或管理员踢出社群，虽然也能达到推广的目的，但转化率极低，也会给他人留下不好的印象。

- 积极捧场，与群友互动，特别是群主、管理员发布群聊信息后，要给予回应，给大家留一个好印象。当我们与社群成员成为朋友后，再进行引流推广会容易很多，至少不会让他人觉得反感。

- 部分社群会不定期举行各种社群活动，社群里举行的活动可以多参与。不要加入社群后就潜水，只在发推广信息时冒泡，这不利于建立良好的社群纽带。

- 根据社群定位发一些对成员来说有价值的内容，积极帮助群友，在社群中树立起权威，成为社群里的意见领袖，有了大家的信任，社群推广的效果会完全不同。比如在微信群中建立信任后，再发布视频号内容时，群友会更愿意点击并主动关注账号，从而实现涨粉，如图 5-16 所示为在微信社群中发视频号内容。

图 5-16　在微信社群发视频号内容

在社群中与群主或管理员搞好关系后，还可以私信群主或管理者，询问能否把短视频账号名片推荐给群友，有了群主和管理者的推荐，再加上合适的推荐语，会比自我推荐更有效，如图 5-17 所示为在微信社群推荐短视频账号名片。

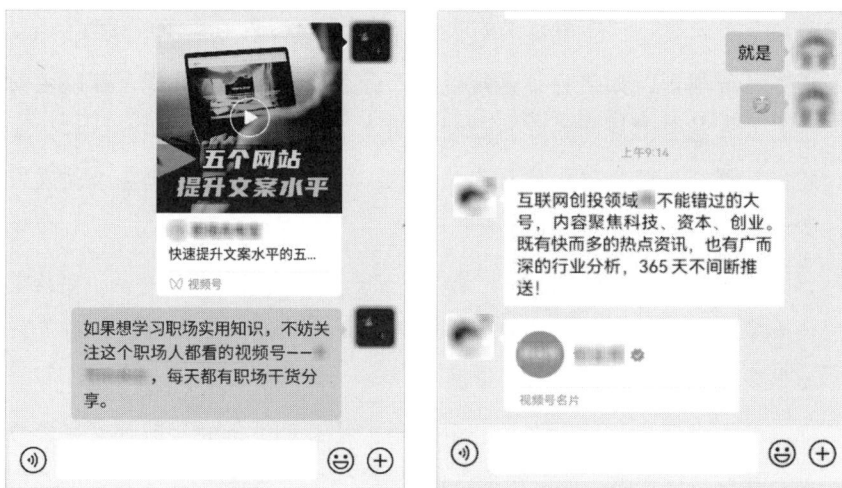

图 5-17　在微信群推荐短视频账号名片

新媒体社群有免费社群，也有付费社群，部分精准用户需要到付费社群里去找。相较于免费社群，付费社群中的用户黏性会更高，付费的意愿也会更强烈。对于做职业教育、技能培训等类型的短视频账号而言，通过付费社群引流质量更高一些，也更容易实现用户转化，比如付费社群渠道有以下几种。

（1）知名公众号付费社群

很多知名公众号平台都搭建有付费社群，运营者可以通过公众号分享的推广文案、海报了解社群信息，加入这类社群为账号引流，如图 5-18 所示。

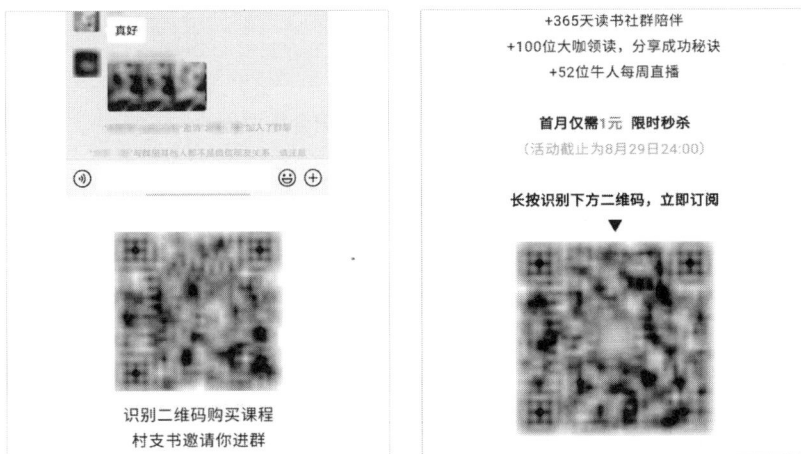

图 5-18　知识付费类社群推广文案

（2）知识星球

知识星球是创作者连接铁杆粉丝，做出高品质社群，实现知识变现的工具，创作者可以创建社群后对外发布，粉丝们付费加入社群。知识星球有网页版、App 版和微信版，App 版体验最好，功能最完整。网页版可以在 Windows、Mac、Linux 等系统使用，方便文字编辑和文件、音频上传。关注"知识星球"公众号，并在菜单底部点击"我的星球"，能进入功能较为精简的手机网页版。在微信里搜索"知识星球"小程序，也能够快捷使用其中的功能。

知识星球中有很多质量较高的社群，运营者可以通过关键词搜索的方式搜索社群，一般人数较少的，或者有"VIP"标识的就是付费星球，这些星球会提供社群给付费用户。在加入星球前要仔细阅读"星球介绍"，包括社群主题以及如何加入社群等，如图 5-19 所示。

图 5-19　搜索页面和星球介绍页面

（3）知识付费平台

很多知识付费平台、门户资讯类网站中都有免费/付费知识专栏，这些知识专栏也会提供社群给用户交流学习、答疑解惑，运营者也可以从中找到比较精准的社群做引流推广，如图 5-20 所示为腾讯课堂中某平面设计课程中的课程概述页面，该课程提供了社群供学员交流。

图 5-20　腾讯课堂课程概述页面

5.1.5　策划视频关注活动

活动营销是新媒体平台比较常用的一种营销方式，适用于品牌宣传、吸粉引流、新品造势等。活动营销的玩法有多种，常用的活动形式有以下几种。

（1）关注 + 点赞抽奖

这是比较简单实用的一种活动形式，其活动门槛参与较低，用户的参与意愿普遍较高。要让关注 + 点赞活动发挥价值，还要注意奖品的设计。运营者要观察目标粉丝的喜好，选择能让目标粉丝感兴趣的奖品，这样才能调动用户参与的积极性，如图 5-21 所示为微信中视频号的关注 + 点赞活动。

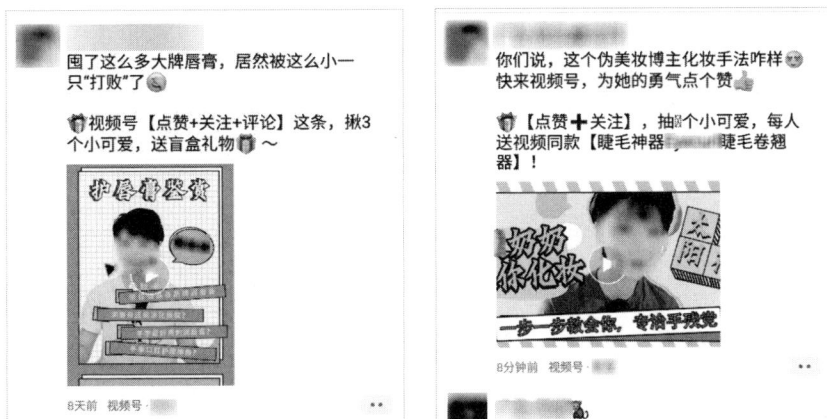

图 5-21　视频号关注 + 点赞活动

（2）转发 + 关注抽奖

转发 + 关注抽奖是微博中比较常见的活动形式，具体又可分为 5 种形式，包括转发 + 关注、转发 + 评论 + 关注、转发 + 关注 +@ 好友、转发中带话题 + 关注、转发中晒图 + 关注。

转发 + 关注和转发 + 评论 + 关注的形式条件简单，也容易吸引用户参与。开展有奖转发 + 关注活动，其活动内容要有一定的煽动性。撰写活动文案时，要将活动的内容、奖品、开奖时间写清楚，保证活动信息的真实有效性，这样才能获得更多粉丝。

转发的好处在于能够实现二次传播，有助于扩大活动的传播力度，如图 5-22 所示为微博转发 + 关注抽奖活动，活动文案简单直接，并与视频内容有相关性。

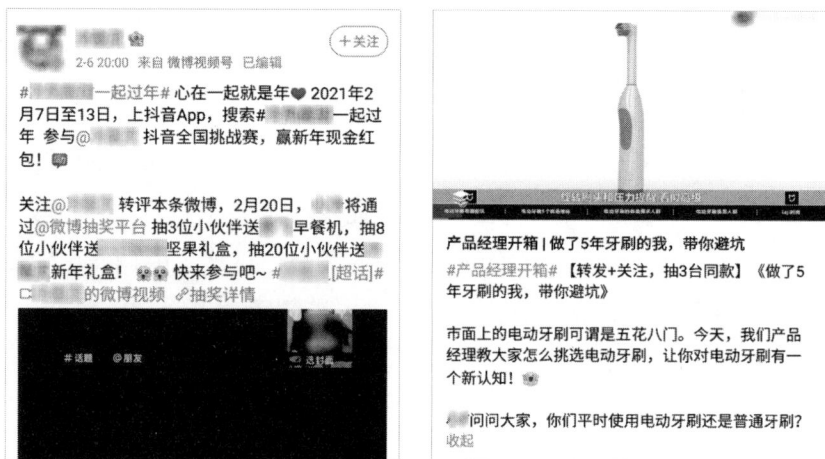

图 5-22　微博转发＋关注抽奖活动

（3）带话题发布内容抽奖

主要形式是让用户发带指定话题的微博或视频，具体形式有带话题＋转评、带话题＋@官方账号、带话题＋视频＋@官方账号。相比以上两种活动形式，此类活动的门槛更高，因此，奖品也要设置得更为诱人，如以下抖音活动形式。

必选要求：

①视频添加指定话题"比个心"。

②使用指定贴纸"比个心"

③@制定账号"××××"

④视频添加指定字幕：和××××一起，告白××。

可选要求：

①视频发布文案，额外添加#××××话题，可为视频加分。

②视频内容必须原创积极乐观。

③拍摄比心××地标，美食、人文等生活视频。

④打卡项目展厅视频。

要求@用户在发布视频时@官方账号，可以提高账号的曝光度。以带话题＋转评方式设计活动形式，则可以提高账号和视频的曝光度，从而为账号吸粉，如

图 5-23 所示为微博中带话题 + 转评的活动。

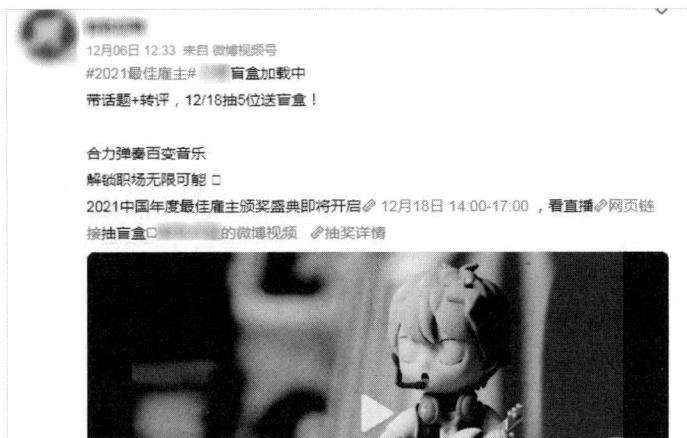

图 5-23　微博带话题 + 转评活动

活动结束后要及时公布中奖名单，让粉丝看到活动的公正有效性，同时也可以利用新媒体平台传播的特点，再次助力账号曝光，如图 5-24 所示为在微博和微信视频号评论区恭喜中奖用户。

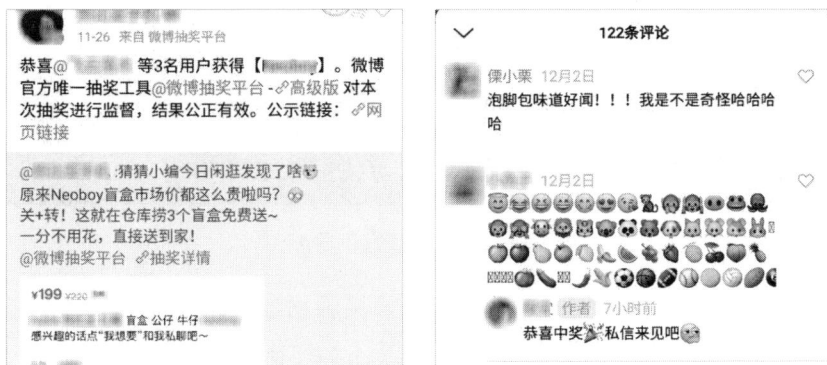

图 5-24　发布中奖通知

5.1.6　强强联手互荐引流

互荐引流是一种合作互推引流手法，通过 A 和 B 互推来实现粉丝互通引流，这种方式简单有效，可以在短时间内帮助账号快速涨粉，有以下优点。

◆ 基于一定的粉丝信任关系来吸粉引流，引流效果更佳。

◆ 目标粉丝群体更精准，能够实现合作共赢。

互荐引流的常见形式有 5 种，视频客串导流、文案中 @ 账号引流、合拍互推引流、账号间互相转发内容以及联合投稿。

（1）视频客串导流

视频客串导流是指创作者之间相互合作，共同真人出境拍摄一条短视频，然后发布这条客串合作的视频，从而使双方都扩大自己的粉丝群。在短视频平台可以看到很多视频客串导流的案例，如图 5-25 所示。

图 5-25　视频客串导流

很多 MCN 机构都会利用客串的方式来实现粉丝引流，这是因为一个 MCN 机构旗下常常会运营多个短视频账号。可以让头部达人带新人创作者，为新人创作者引流。当头部达人陷入流量增长困难时，也可以通过客串导流的方式，为头部达人带来一波新粉丝。

（2）文案中 @ 账号引流

这种引流方式不需要合作的创作者出境拍摄视频，只需在文案中 @ 特定的对象即可，引流成本相对更低。如果粉丝对 @ 的对象感兴趣，则可以点击账号名称，进入创作者的账号主页并关注，如图 5-26 所示。

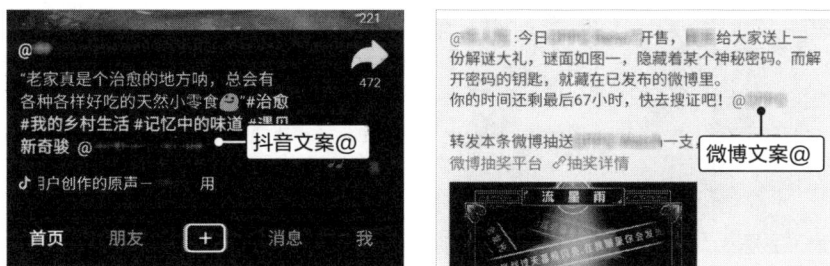

图 5-26　文案中 @ 特定对象

（3）合拍互推引流

合拍是抖音的一种视频拍摄玩法，可以通过蹭热门的方式来实现合拍引流，也可以与创作者合作合拍，如果创作者之间的视频或文案能够形成一种联动，会实现更好的引流效果。合拍时可与对方隔空喊话、隔空互动，且可以在标题文案中 @ 合拍的对象，如图 5-27 所示。

图 5-27　抖音合拍

抖音合拍与普通拍摄的方法基本一致，只是在视频页面的右侧会显示原视频，左侧显示自己拍摄的视频。下面来看看抖音合拍的具体操作，找到适合合拍的视频，或者合作达人的视频，在视频播放页面点击"分享"按钮，在打开的页面中点击"合拍"按钮进行合拍，如图 5-28 所示。

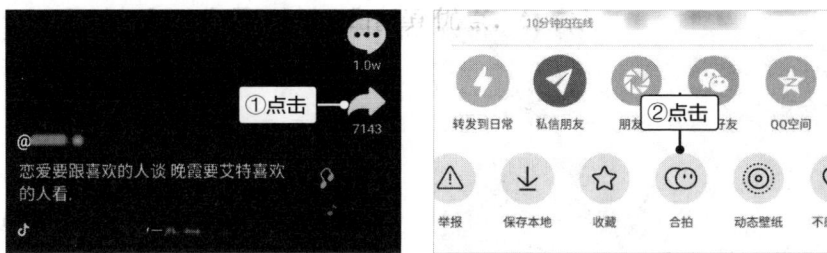

图 5-28　进行抖音合拍

利用合拍功能，运营者还可以策划合拍活动，邀请其他抖音用户参与视频合拍，借助其他用户的流量池来实现账号曝光和引流，如图 5-29 所示为抖音合拍活动内容。

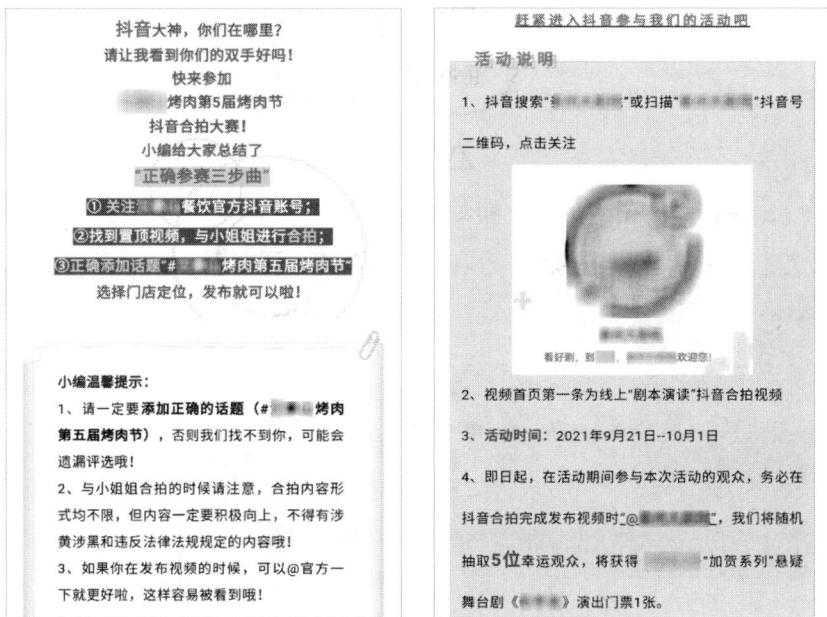

图 5-29　抖音合拍活动

（4）账号间互相转发内容

在新媒体渠道，引流和曝光都离不开"传播"二字，要充分发挥传播的力量，就要利用转发这一工具。运营者可与内容创作者合作，在公众号中互推微信视频；在微博上互转微博内容；在抖音中互转短视频，这种方式还能引发粉丝的再次分享传播行为，如图 5-30 所示为转发合作者的微博。

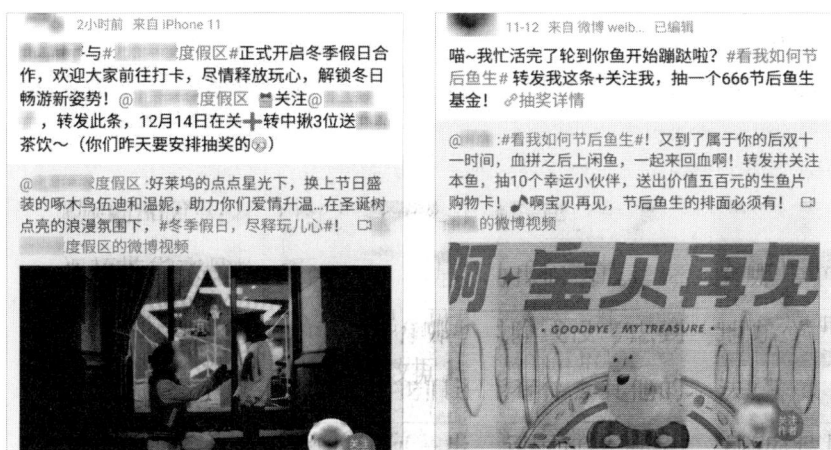

图 5-30　转发合作者的微博

（5）联合投稿

联合投稿是 B 站的一种投稿方式，指几个视频创作者共同创作一条视频，然后由其中一位创作者发起投稿，其他创作者作为合作者参演，发布的视频会同时展现在每个参与创作的 UP 主账号里。联合投稿视频会在视频封面显示"合作"标识，创作团队中会显示 "UP 主" 和 "参演" 标签，如图 5-31 所示。

图 5-31　B 站联合投稿

联合投稿可以实现大号带小号，由粉丝量较大的 UP 主发起投稿，新人创作者作为联合创作者参演，使新人 UP 主借助大 UP 主获得曝光和引流。只要电磁力等级达到 Lv5，且信用分不低于 60 分，即可自动开通联合投稿功能。

TIPS | *什么是电磁力和信用分*

　　电磁力是综合评估 UP 主近期创作效果的数值体系，可以帮助 UP 主自查近期创作表现，同时还决定 UP 主是否享有特定权益。UP 主的创作效果越好，电磁力分值就越高，相应的电磁力等级也越高，进而可获得更多的创作权益。电磁力分值及电磁力等级每周一 18:00 ～ 19:00 更新，根据 UP 主近半年的粉丝活跃情况，并参考 UP 主全部自制稿件在近一个月的播放互动等数据，进行综合评估，由此计算出电磁力分数和对应的电磁力等级。信用分是评估 UP 主是否遵守 B 站《社区规范》和《创作者公约》的方式，满分100 分。

　　联合投稿每个月最多使用 6 次，每个自然月 1 日开始至当月最后一天为一次计算周期。UP 主可以在 Web 端投稿页添加多人合作，投稿时 UP 主可以编辑参演者排序，最多 10 名参演者。

　　采用合作互推的方式引流，比较关键的一点是找到合适的合作者，具体操作时可以参考以下几点。

◆ 可以大号与大号、大号与小号、小号与小号互推，一般来说，如果双方粉丝体量相当，实现免费互推合作的可能性会更大；若双方粉丝量相差较大，那么很可能需要付费才能实现合作。

◆ 互推有视频互推和荐号两种方式，两种方式都能达到涨粉的目的，具体可根据双方的需求来沟通互推的具体形式。

◆ 尽可能和自己认识或熟知的创作者互推，实现合作的可能性会更大。寻找合作对象时，要了解对方的粉丝画像，提高互推的精准度。

◆ 私信账号负责人沟通互推合作事宜时，尽量简明扼要地说明来意，包括互推形式、互推时间、自己的粉丝体量以及联系方式等，以节省双方时间。

◆ 确认互推合作后，要与对方沟通好具体的互推执行方案，必要情况下，可以与对方签订一份合作合同，明确双方的意愿和需求。

◆ 与对方谈合作事宜时，要做好被拒绝的准备，毕竟并不是所有的创作者都愿意互推。可以多找几个备选合作对象，与他们的运营者保持良好的关系，以便于后期合作。

5.1.7 评论互动获取关注

评论引流又被称为"抢热评"，即在大号发布的视频下、热门短视频中发表评论，这已成为品牌官微、视频达人、自媒体常用的引流方式。热评与其他评论的曝光量有很大区别，一条热门视频的评论前排，常常能获得上千、上万点赞，而其他排在后面的评论，点赞却集体断崖式下跌，如图 5-32 所示。

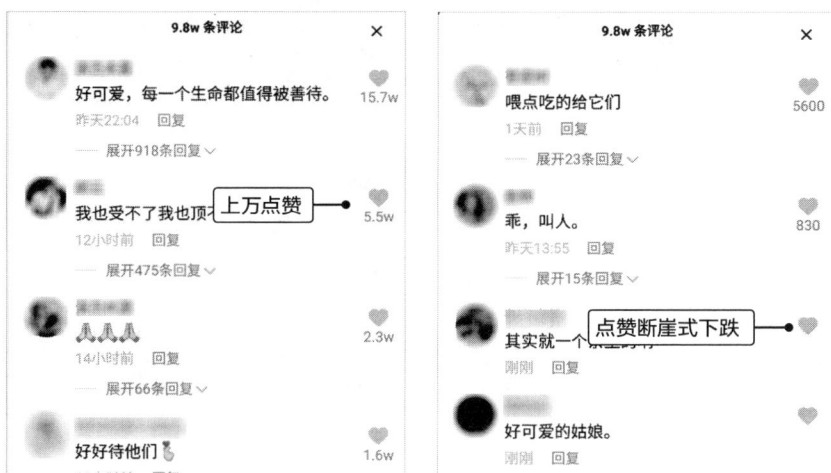

图 5-32 短视频评论点赞量

可以看出，一旦抢热评成功，就能为账号带来上千，甚至上万的曝光量，从而实现涨粉。抢热评也需要一定的技巧，才能避免评论被淹没在"海洋"中。

（1）把握好评论的时间

热评的竞争对手很多，要提高抢热评的成功率，不仅要拼网速，还要拼手速，如果能抢在其他用户前评论，上热评的概率就会大很多。来得早就是抢热评的一个法宝，那么如何才能"来得早"呢？

运营者可以先关注几个竞品大号，了解他们更新视频的规律，包括每周更新几次、在哪个时间点更新，然后在视频更新后第一时间去评论。如图 5-33 所示为某抖音视频创作者发布的视频，从视频发布的时间可以看出，该创作者基本上在 17:50 ～ 18:00 发布视频，结合该规律，运营者可以在该时间段打开抖音，待视频更新后就去评论。

图 5-33　按发布时间排序

（2）确保评论内容精准

抢热评要抢得早，同时也要抢得精准，这样才能吸引其他用户的点赞或回复。抢得精准是指评论的内容要与视频内容相关，避免牛头不对马嘴。另外，还要注意评论内涵，一般来说，有趣的、暖心的、正能量的评论以及一语惊人的"神评论"更容易得到点赞，从而帮助自己冲上热评。

如图 5-34 所示为抖音短视频评论数据总览，从这些数据可以看出，获赞数靠前的评论大多传递了正向的价值观，有的评论则比较搞笑有趣，整体而言评论内容都是积极向上的。

另外，平台对于评论内容也是有限制的，如果评论用语不当，或者发表了不文明言论，用户可以举报，这可能使得评论被删除，甚至导致账号的评论功能被封禁。

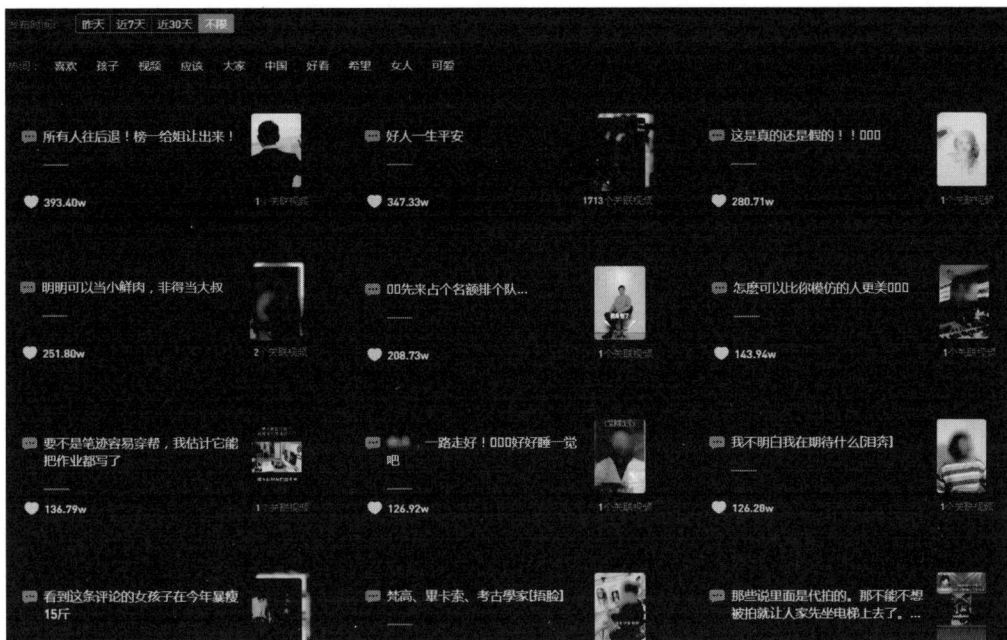

图 5-34　抖音评论总览

为了避免因言语不当导致评论被删除，提高评论的点赞率，发表视频评论时，要注意以下几点。

◆　评论不能人身攻击，应积极友好，可以多夸奖，多赞扬。

◆　评论不要引战，如带有脏字、嘲讽他人等。

◆　不要发无意义的评论，如留名、抢楼等。

◆　不要刷屏，会引起其他用户的反感。

平时可以收集一些高赞评论，并将评论内容分类，在想不出来评论内容时直接套用，提高评论的效率，见表 5-1。

表 5-1　高赞评论汇总表

类型	内容
正能量	看到这两小孩自己动手的能力，就知道他们的家长有多优秀
	致敬伟大的消防员，衷心祝愿您节日快乐，每一次都平安归来
	是个好丈夫好父亲，向你学习

类型	内容
有趣	果然没让我失望，卷届天花板
	雪人：我不会融化吧？
	高手过招，点到为止
情感	世界万物皆不如你回眸一笑
	生活很累但要继续，没有过不去的坎

5.2 短视频矩阵运营玩法

矩阵是短视频账号运营的高阶玩法，如果短视频运营已经比较成熟了，且有了好的内容模式，就可以考虑矩阵运营，多渠道、多账号进行短视频运营操作，放大短视频营销的价值。

5.2.1 搭建短视频矩阵的好处

矩阵是一个数学术语，在数学中，是一个按照长方阵列排列的复数或实数集合，最早来自方程组的系数及常数所构成的方阵。将这一概念引入新媒体中，矩阵就是指多平台、多账号集合运营，如图 5-35 和图 5-36 所示为短视频矩阵示意图。

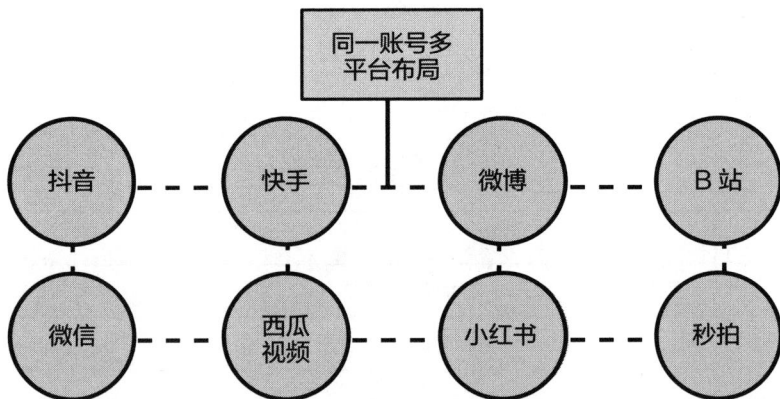

图 5-35 短视频矩阵示意图 1

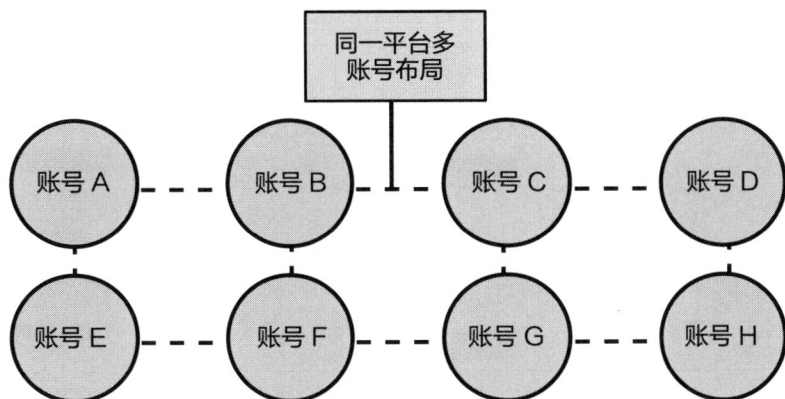

图 5-36　短视频矩阵示意图 2

图 5-35 为横向矩阵，指在多个新媒体平台布局；图 5-36 所示为纵向矩阵，指在某个较大的新媒体平台纵深布局，将两者相结合，可以形成更为复杂的矩阵模式，如图 5-37 所示。

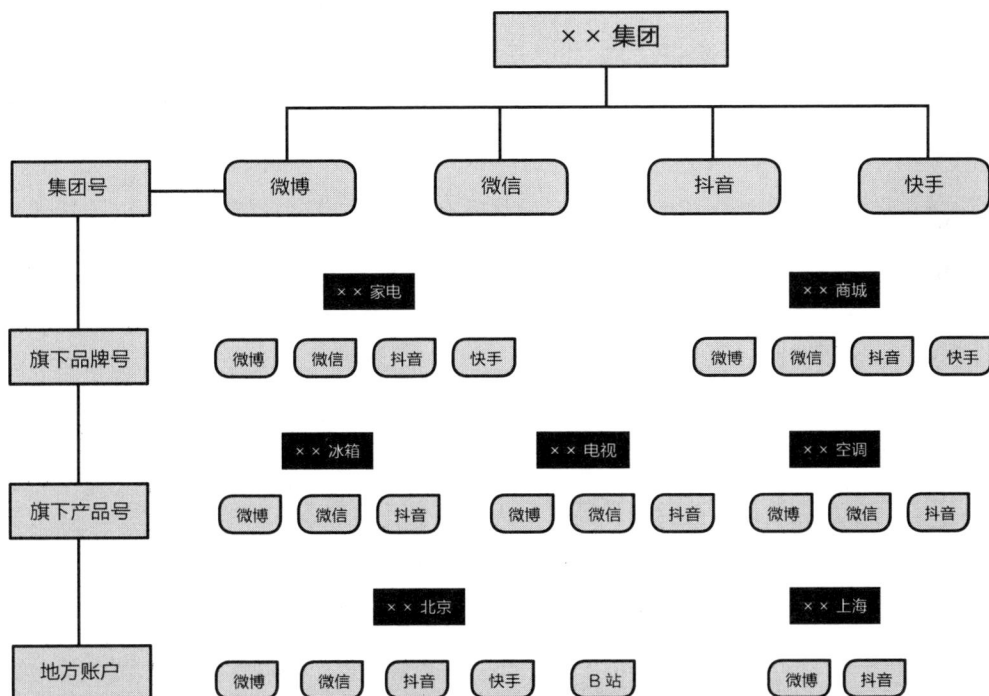

图 5-37　短视频矩阵示意图

上图是某集团的矩阵示意图，从中可以看到其进行了品牌、产品、地域的覆盖，如图 5-38 所示为各品牌在抖音搭建的单平台矩阵。

图 5-38 抖音单平台矩阵

从矩阵运营模式可以看出，矩阵中的账号都是相互关联的，对企业、MCN机构或者自媒体来说，搭建短视频矩阵有以下优势。

◆ 搭建短视频矩阵可以实现不同媒体平台营销，让账号之间形成联动，覆盖更广泛的用户群体，从而使品牌、产品或内容获得更大的曝光和流量，进而放大短视频营销效果。

◆ 矩阵中的账号可以有不同的定位，如账号 A、B、C 分别定位于搞笑段子、情感短剧和萌宠等，以多元化内容吸引不同的目标受众，同时，也使内容之间形成互补。

◆ 垂直细分是短视频内容发展的一大趋势，垂直细分的账号具有强势吸粉的能力，同时变现的潜力也更大。在单一账号运营模式下，细分领域的垂直账号能够吸引一批稳定的受众，但由于受众也是细分人群，所以常常会面临粉丝规模上不去的问题。在这种情况下，可以考虑搭建矩阵，让账号在兼顾大类的基础上进行垂直细分，如"家居家装"账号下细分为家居严选、装修设计、生活技巧等。提升账号价值的同时扩大影响力，让每一个粉丝的价值最大化。

◆ 在新媒体平台，常常可以看到因违规而被限流、禁言、封禁的账号，由于各大平台规则不同，运营者常常很难掌握全部规则，单一账号运营模式下，如果一不小心触碰了"雷区"导致账号被封，前期运营所做的努力就可能付之东流。矩阵运营可以充分分散这种风险。

◆ 从变现的角度来看，矩阵运营可以专注特定圈层的专业内容，粉丝的黏性更高，变现的潜力也更大。

5.2.2　搭建矩阵的 5 种成功模式

矩阵运营有 5 种典型的成功模式，这 5 种成功模式也体现了矩阵搭建的具体思路。

（1）围绕品牌、产品、服务搭建

对于企业来说，可以围绕品牌、产品或服务来搭建矩阵，如"小米"就是围绕品牌、产品来搭建矩阵，以小米品牌为核心，旗下拓展出小米手机、小米电视、小米商城、小米有品等账号，如图 5-39 所示为小米在微博平台的一些账号，每个账号都有上百万的粉丝量。

图 5-39　小米品牌在微博的一些账号

围绕服务搭建矩阵的企业也有很多，如"京东"，以京东提供的服务为核心，延伸出多个服务类别，包括京东超市、京东客服、京东电器、京东京选、京东图书等，如图 5-40 所示为京东在抖音的账号。

图 5-40　京东在抖音的账号

（2）围绕红人、达人搭建

这种矩阵模式主要以 MNC 机构为代表，独立运营的自媒体创作者由于精力、人手等的限制，很难搭建多元化、规模化的矩阵。MNC 机构其实就是自媒体经纪公司，他们将有创作能力的视频创作者联合起来，组建一支创作团队，快速搭建短视频矩阵，实现多内容领域布局。

MNC 机构有专业的运营团队，能够为平台持续输出高质量的内容，因此，平台也很欢迎 MNC 机构的入驻。以抖音为例，MCN 机构申请入驻有以下 3 个条件。

◆　登录账号状态正常，并且登录账号已绑定手机号。

◆　达人数量至少 5 个，并已与 MCN 签订盖章合同。

◆　MCN 过往无违规行为，旗下达人总粉丝量不小于 1 万；同一营业执照下，只允许一个 MCN 主体入驻。

（3）围绕团队关系搭建

团队型矩阵一般由团队成员组成，此类矩阵有一个主账号，主账号下分为多个子账号。主账号有明显的优势，其内容与团队所有成员有关，或者共同出境，子账号是各成员搭建的具有个人特色的账号。比如抖音中的某多语种乐团，主账号为"×× 多语种乐团"，每个成员又有自己的抖音账号，可以将自己的粉丝引流到主账号上去，也可以将主账号的粉丝引流给子账号，如图 5-41 所示。

图 5-41 团队型矩阵

（4）围绕家庭关系搭建

以家庭关系搭建矩阵与团队型矩阵有一定相似之处，成员间都具有很强的凝聚力，且会共同出境创作视频。只是家庭关系型矩阵是以有婚姻和血缘关系的人为主体人设，如夫妻、子女等，视频内容主要是讲述与家庭生活有关的故事。

在新媒体平台，短剧类视频创作者就常常围绕家庭关系来搭建矩阵，他们可能同时出现在一个作品中，也可能独自创作内容，在发布视频内容时，常常会以 @ 的方式为账号引流。以家庭关系搭建的矩阵，每个成员都有特定的人设标签，如女儿的人设是吃货、可爱，爸爸的人设是暖心、宠女儿，妈妈的人设是漂亮、辣妈、一家之主等。

（5）围绕细分内容搭建

当一个账号火了以后，可以围绕该账号的主要内容建立更为细分的相关矩阵账号，比如美食领域的创作者，早期可能只有一个短视频账号，在该账号火了以后，可以推出其他账号，如××家常菜、××川菜、××甜点，形成自己的美食系列矩阵。

这类矩阵的搭建一般要分两步走，第一步是打造一个爆款账号或IP，第二步是根据该账号的成功经验批量化复制。如图5-42所示为抖音中围绕细分内容搭建矩阵的创作者，创建了PPT、Excel、Word等抖音账号，每个账号都有自己的垂直细分领域，系列账号属于同一个IP。

图5-42　细分内容型矩阵

5.3　粉丝管理与维护

要想留着粉丝，不断扩大账号的影响力，就必须注重粉丝管理与维护。从短视频营销变现的角度来看，粉丝的质量往往比数量更为重要，一个忠实粉丝所带来的价值会比100个路人粉高。当下正处于粉丝经济的时代，当我们拥有足够多的忠实粉丝后，就可以依靠粉丝锁定流量，并实现营销变现。

5.3.1　粉丝运营建立良好的关系

在做粉丝管理与维护前，首先要明确两个流量概念，公域流量和私域流量。

公域流量是指新媒体平台中公共领域的流量，在账号粉丝为 0 的情况下，抖音、快手、微博中的用户都是可以进行转化的公域流量，公域流量具有以下特点。

◆　相对容易获取，可以通过内容输出或付费推广的方式快速获得这部分流量，但成本较高。

◆　稳定性差，流量的分发比较随机，很难二次、三次触达到这些流量。

◆　黏性差，这部分流量的留存率较差，用户很容易流失。

私域流量是指从公域引流到自己私域（账号）中的流量，也就是粉丝，私域流量具有以下特点。

◆　获取难度较高，但不需要付费推广来二次获取，成本较低，且可以反复进行信息的传递。

◆　留存下来的粉丝黏性较高，能与之建立更亲密的连接。

◆　私域流量有更高的稳定性，流量分发更可控。

从公域流量和私域流量的区别可以看出，经营好私域流量才更容易实现转化。比起公域流量，私域流量更注重引导和运营，这就需要运营者做好粉丝管理和维护，与粉丝建立良好的关系，留住这部分私域流量。那么如何做好粉丝关系维护呢？主要从以下两方面来运营。

（1）内容运营

内容运营是粉丝关系维护的核心，不管粉丝的黏性是高还是低，都需要通过优质内容来留住他们，同时不断从公域流量池引流，稳固私域流量池。在短视频运营过程中可能会出现这样的问题：某一阶段持续掉粉。大多数情况下持续掉粉都与内容有关，如以下几种原因。

◆　内容单一或同质化严重，粉丝出现审美疲劳，从而取关。

◆　没有办法保持优质内容的持续更新，或者更新频率极不稳定，粉丝热情降低，从而取关。

◆　一段时间内广告内容较多，或者广告植入太硬，粉丝抵触广告，从而取关。

对于追求内容的粉丝来说，他们更注重作品的质量，针对此类粉丝，只要有稳定的内容输出，并且保证作品的质量，就能够持续地留住他们。

（2）互动运营

除了内容运营外，互动运营也是做好粉丝维护必不可少的方法。重视你的粉丝，保持和他们的互动，这样才能更好地增强粉丝黏性，运营者可以采用以下方式与粉丝互动。

◆ 评论互动

回复粉丝的评论是比较简单的互动方式，很多短视频创作者都乐于在评论区与粉丝互动，很用心地维系与粉丝之间的关系，所以，这类创作者的粉丝黏性也会很高。

评论区的高互动率也会反馈给平台，让系统认为这是优质内容，从而获得更多流量推荐，如图 5-43 所示为抖音某优质视频创作者的评论区，基本上每条视频都能看到作者的回复。

图 5-43　抖音优质视频创作者的评论区

◆ 私信互动

私信是与粉丝进行一对一的交流，运营者可以设置关注自动回复，在新粉丝关注后自动推送一条打招呼语，增加与粉丝之间的互动，也给粉丝留下良好的第一印象。另外，也可以利用关注自动回复进行营销引流，如图 5-44 所示。

图 5-44　关注自动回复

当粉丝通过私信的形式与我们交流时，运营者可以根据私信的内容选择性地进行回复，因为部分私信可能是找合作的，也可能是做推广的。

◆　活动互动

活动不仅能提高知名度，还能盘活粉丝，提高粉丝忠诚度。除了常规的转发、话题活动外，以下活动方式也可以借鉴学习，见表 5-2。

表 5-2　活动互动方式

活动方式	内容	示例
有奖答题、有奖猜谜	让粉丝通过回答问题的方式赢取奖品	点开视频参与评论里的有奖答题，回答正确有小礼品送哦
有奖征集	向粉丝征集视频、文案等，门槛越低越能吸引粉丝参与	在这个初冬，用视频分享你的初冬故事吧，12.3～12.26 带 # 初冬的记忆 # 话题自主投稿并 @×× ，赢取暖心好礼
粉丝评比	开展周期性粉丝评比活动，根据粉丝活跃度设置奖项，如评论点赞量最高的粉丝、互动率最高的粉丝	【互动宠粉礼】参与微博互动，给 ×× 转赞评三连，每月粉丝互动榜前 20 名，将获得互动宠粉礼
游戏互动	以游戏的形式与粉丝互动	如直播连麦、视频合拍、大转盘等
答疑解惑	设置答疑解惑栏目，定期回答粉丝的提问	评论区写下您的问题，12 月 24 日为您答疑解惑

5.3.2　社群维护忠实粉丝

社群是比较可控且稳定的私域，受平台的限制相对较小，运营者要学会借助社群这一工具运营忠实粉丝。对于每一个新加关注的粉丝，都可以通过关注自动回复引导加群，如图 5-45 所示。

图 5-45 抖音关注自动回复引导加群

社群是粉丝进行交流互动的圈子，也是运营者与粉丝建立信任关系的纽带，要做活社群，发挥社群的真正价值应注意以下禁忌。

（1）不可没有限制的拉人

粉丝进入社群的动机是复杂的，有的可能是为了交流学习，有的可能是单纯好奇。为了让成员重视社群，也给其他忠实粉丝非常好的体验，运营者应设计合理的入群门槛，让认同我们、强黏性的粉丝进群，而不是随意拉人入群，比如设置关注 30 天可入群、转发 3 条视频可入群、下单金额达到多少可入群等。设置入群门槛后，部分非核心粉丝就会被有效屏蔽，社群成员也更容易形成一个团体。

（2）社群不可无人管理

无人管理的社群很难持续保持活力，大家刚进群的时候一般都非常活跃，等到热情劲儿过了以后就会冷清下来，甚至成为"僵尸群"。另外，无人管理的社群也容易成为"小广告"的天堂，逐渐沦为广告群。

因此，在搭建粉丝群后，运营者要根据社群定位制订合理的群规，让每一位进群的粉丝都阅读群规并遵守。同时，定期举办社群活动保持社群的活跃度，强化社群成员与社群之间的黏性。

第 6 章

短视频数据化运营精讲

视频的播放效果怎样？哪类视频更受粉丝喜欢？粉丝的用户属性有哪些特征……这些问题的答案都可以通过数据分析来回答。后期的数据化运营是短视频能否在激烈的竞争中保持竞争力的关键，数据化运营不仅能对内容创作提供指导，还能为营销推广提供有价值的数据支持。

短视频数据分析的意义

短视频运营需要数据支持
用数据指导视频高效创作
用数据指导运营发布
短视频运营5款数据分析工具

短视频运营人要注意的数据指标

粉丝数据：了解用户属性特征
播放数据：视频播放效果评估
互动数据：粉丝评论点赞数据
行业数据：把握未来行业趋势
产品数据：产品推广转化数据
关联指标：综合结果反馈指标

6.1　短视频数据分析的意义

很多人在做短视频营销时，往往只关注前期的内容发布，而忽略了后期的数据分析。实际上，数据分析才是短视频营销的"重中之重"。对于内容生产者而言，应该重视数据的作用，认识到数据分析对于短视频营销的重要意义。

6.1.1　短视频运营需要数据支持

前期的短视频营销效果如何，不能凭主观感觉来判断，而要借助数据的力量来分析，主观的感受可能会骗人，但数据不会骗人，它是理性、直观的。比如通过数据分析，可以了解账号的涨粉情况、清楚粉丝喜欢看哪些内容。用数据来指导运营工作，能使运营更科学、有效。如图 6-1 所示为短视频账号近 90 天的新增粉丝数据。

图 6-1　近 90 天新增粉丝数据

根据以上数据，可以了解到不同时间节点粉丝的总量、单日粉丝增量。上图中粉色的曲线表示粉丝总量，蓝色的曲线表示粉丝增量。可以看出，粉丝总量总体呈上升趋势，粉丝增量有波动，但在可控范围内。2021 年 10 月 10 日新增粉丝量很高，通过查看当日具体的数据，还可以得到更多有用的信息，如图 6-2 所示。

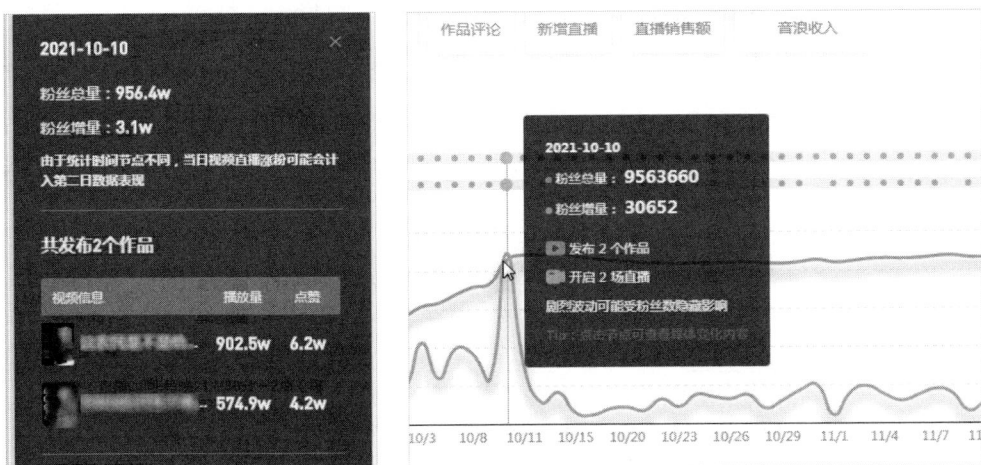

图 6-2　单日粉丝总量和增量数据

结合这些数据，可以对粉丝的变化情况、账号人气的高低有充分了解，认识到可能是因为哪个视频涨了粉，然后用数据驱动短视频账号运营。如在某一时段，粉丝总量急剧下降，粉丝增量也上不去，这时就要分析，看账号是否达到了增量瓶颈，并思考如何才能保持粉丝增量。

如果没有数据做支撑，只凭个人感觉来做运营，很难有正确的判断且容易出错，因为个人的喜好并不能代表粉丝的喜好。有效的数据分析可以帮助运营者了解短视频趋势，了解目标用户，提升短视频运营的效率。

6.1.2　用数据指导视频高效创作

在创作短视频内容时，我们常常会说要有用户和观众的视角，要站在粉丝的角度思考，创作目标受众喜欢的视频。那么目标受众究竟喜欢看哪些视频呢？运营者可以利用数据分析来助力短视频高效创作，借助数据来了解哪些内容不受粉丝喜欢，哪些内容是粉丝真正喜爱的。

（1）用数据确定内容方向

在刚开始做短视频营销时，一般会选择个人喜欢的或团队擅长的内容进行创作。在账号运营一段时间后，可结合播放量、评论量、粉丝增长量等数据来指导内容创作，通过数据来了解内容需求趋势，做短视频内容的优化。

表6-1为短视频播放量、点赞量统计表，通过这一简单的数据可对短视频的受欢迎度有初步判断。可以看出用户对"素颜也可""告别熬夜肌"这两个视频更感兴趣，后期创作时，就可以围绕这一选题方向进行内容策划，当然具体分析时还要结合其他数据进行更为详尽的分析，以提供更为准确的创作指导。

表6-1　短视频播放量、点赞量统计表

视频标题	播放量	点赞量
素颜也可！镜面感也太美了	260.3 万	2.3 万
素人改造计划	22.9 万	1.0 万
有一个好发型非常重要	2.9 万	2.0 万
告别熬夜肌，这对 CP 就够了	50.9 万	5.3 万
有了这个卸妆油	1.8 万	0.8 万

（2）用数据调整视频内容

数据还可以帮助运营者调整视频内容，运营者可以收集一周、一个月或三个月的视频数据，看看哪些视频收藏量高、完播率高，哪些视频数据表现不尽人意。如果视频的播放完成率、收藏数、转发数等都很低，那么就可能是内容不够吸引人，这时需要考虑调整视频，如图6-3所示为某抖音账号近 10 个作品的数据。

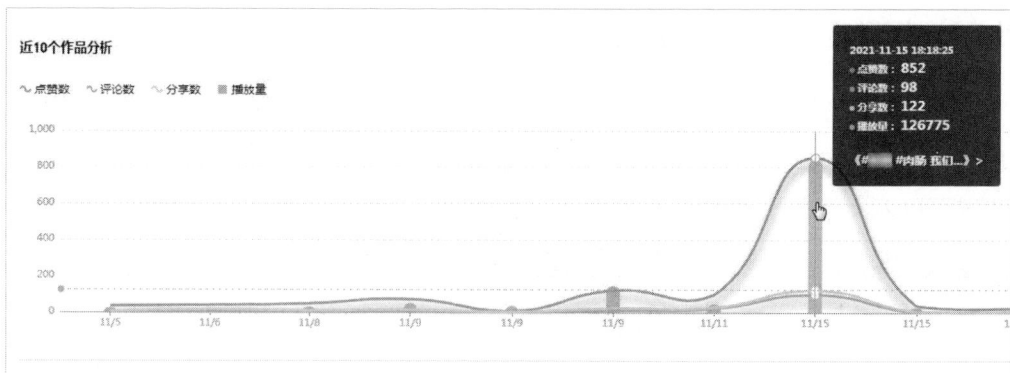

图6-3　近 10 个作品分析

从上图可以看到，数据表现并不乐观，点赞量最高为 852，评论数、分享数也很低，从侧面反映出账号发布的视频对用户没有太大的吸引力。进一步分析内容的问题所在后，还需要结合其他数据来确立调整方向，策划出更多有吸引力的选题。

6.1.3　用数据指导运营发布

在账号运营初期，由于没有数据做运营指导，我们发布短视频，可能会具有随机性，不会过多地考虑发布时间是否合适。但是发布时间其实会影响视频的播放量，选择目标粉丝活跃的时间段发布视频，更容易获得高播放量。当有了一定的粉丝基础后，就可以利用数据分析来判断在哪个时间段发布视频效果会更好，如图 6-4 所示为短视频账号近 30 天作品发布时间分布。

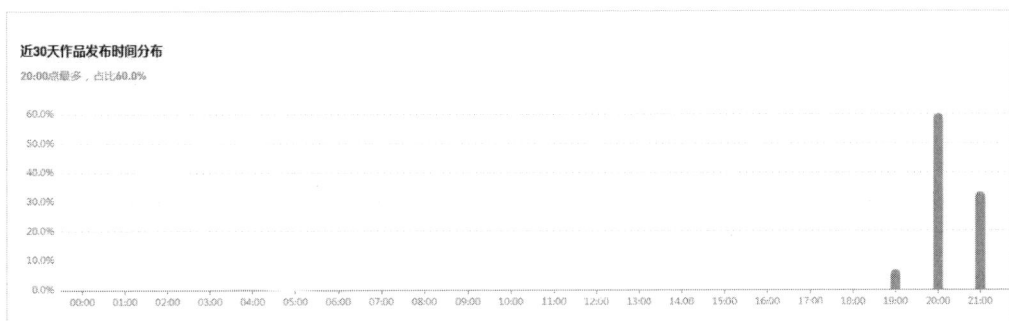

图 6-4　近 30 天作品发布时间分布

从上图可以看出，运营者主要在 20:00、21:00 发布短视频，此时再结合粉丝活跃数据来看看这一发布时间是否合理，如图 6-5 所示。

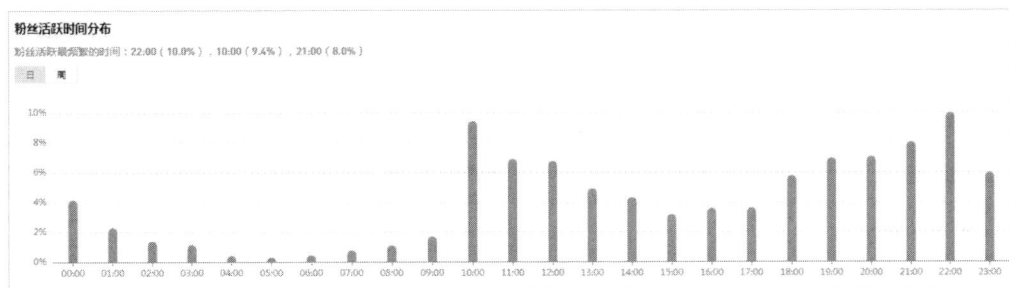

图 6-5　粉丝活跃时间分布

根据图 6-5 显示的数据可以看到，粉丝活跃最频繁的时间为 22:00（10.0%）、10:00（9.4%）和 21:00（8.0%），可见 22:00、10:00、21:00 是 3 个流量高峰点，结合这一规律就可以对短视频的发布时间进行调整，如将视频发布时间调整为 22:00 或 21:00。

6.1.4　短视频运营 5 款数据分析工具

通过前面的几个例子，已经可以明确数据分析的重要作用。做短视频数据分析，比较重要的是如何挖掘海量数据，不少运营者会对数据信息的收集望而生畏。实际上，当前市场上有很多实用的数据分析工具可供运营者使用，这些工具会用可视化图表统计数据，帮助运营者高效地进行数据处理和分析，下面来看看一些比较实用的短视频数据分析工具。

（1）官方创作服务平台

各大视频平台为更好地服务创作者，会通过创作服务平台为创作者和机构提供运营管理、数据分析、视频上传、内容生产等工具，运营者可登录各个平台提供的创作服务平台查看账号数据。以抖音为例查看账号数据，也可以在抖音 App 中进入创作者中心，在创作者中心查看数据，如图 6-6 所示为抖音创作服务平台。

图 6-6　进入抖音创作服务平台

（2）新榜：内容产业服务平台

新榜前面也介绍过，是作为数据驱动的内容产业服务平台，其能为短视频创作者提供数据运营服务，包括抖音数据、小红书数据、B站数据、快手数据等。进入新榜首页，在"数据服务"下拉列表中单击对应的平台数据超链接，即可进入相应的数据页面，如图6-7所示。

图6-7　进入新榜首页

这里进入快手数据页面，在该页面可以搜索快手号，查看爆款速递、快手热榜等，运营者可以根据需要查看具体的数据，如图6-8所示。

图6-8　新榜快手数据平台

（3）飞瓜数据：短视频与直播数据分析平台

飞瓜数据是短视频与直播电商数据分析平台，提供抖音、快手、B站等平台的数据，除此之外，平台还提供行业资讯、数据报告，如图 6-9 所示为飞瓜数据 B 站版工作台，运营者可以查看行业大盘数据、寻找热门素材、监测 UP 主相关数据，随时了解账号数据指标变化。

图 6-9 飞瓜数据 B 站版

（4）灰豚数据：主播与短视频分析平台

灰豚数据提供多平台直播、短视频可视化数据监测，包括抖音版、快手版、小红书版和淘宝版，运营者可以利用数据分析平台进行带货转化量分析、粉丝互动分析、粉丝画像分析等，如图 6-10 所示为小红书版界面。

图 6-10 灰豚数据小红书版

（5）短鱼儿：直播短视频生态链服务商

短鱼儿能为内容生产者、品牌方提供内容创意库、内容数据跟踪及分析、电商效果、营销效果评估等服务，运营者可以利用短鱼儿实时监测自身以及竞品账号的短视频数据，及时追踪短视频热点，助力账号运营，如图 6-11 所示为短鱼儿抖音版工作台界面。

图 6-11　短鱼儿抖音版

6.2　短视频运营人要注意的数据指标

在短视频数据分析平台，运营者可以查询到很多数据，那么这些数据要如何看？又释放了哪些信号呢？在进行数据分析前，运营者需要了解各个数据指标所代表的含义，这样才能有效指导运营。

6.2.1　粉丝数据：了解用户属性特征

通过粉丝数据可以了解到粉丝群体的属性特征，以及粉丝的需求、痛点等，比较关键的粉丝数据有以下一些。

（1）粉丝性别和年龄分布

粉丝性别、年龄不同，兴趣喜好、审美、购买习惯、购买力都会不同，运营者可以根据粉丝性别、年龄分布数据初步判断粉丝群体，并结合数据对短视频内容和带货产品做风格、类目上的调整，如图 6-12 所示。

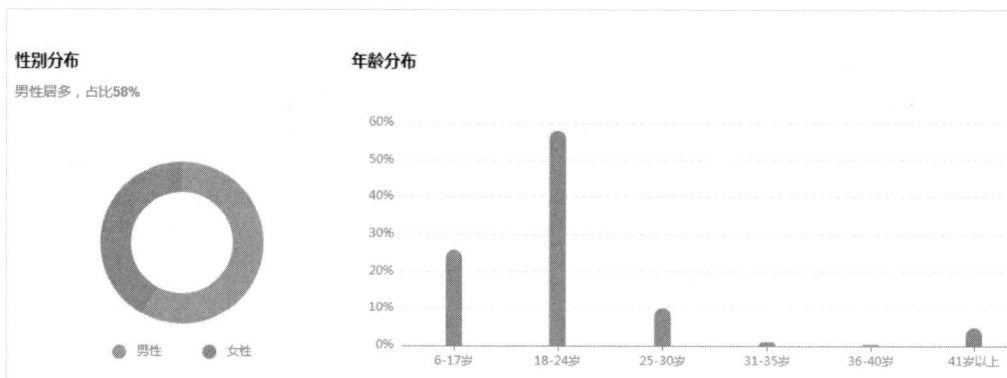

图 6-12　粉丝性别和年龄分布

（2）粉丝活跃度

为什么有的短视频账号粉丝总量很高，但是互动数据却不乐观，视频带货能力也不强，很大程度上与粉丝活跃度有关。粉丝活跃度分为轻度、中度和重度 3 种，部分数据平台还会有"静默"活跃度数据。粉丝活跃度越高，流量往往越大，粉丝转化率也会越高，这也是很多广告主会偏向于选择粉丝活跃度高的短视频博主带货的原因，这类账号的真实粉丝会更多。积累了一定量的粉丝后，如何提升粉丝活跃度也是运营者需要考虑的，如图 6-13 所示为粉丝活跃度数据。

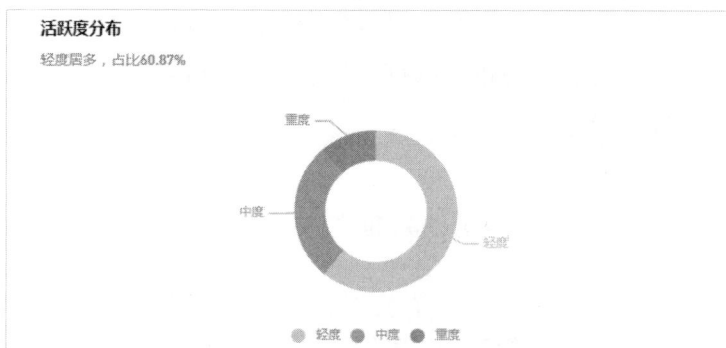

图 6-13　粉丝活跃度数据

　　粉丝总量高并不代表粉丝的活跃度就高，粉丝活跃度由粉丝点赞、评论、转发等数据来体现，因此，运营者还可以通过粉丝互动情况来了解粉丝是否活跃。

（3）粉丝增长数据

　　粉丝增长数据能够反映粉丝的增长趋势，是正增长还是负增长以及增速的快慢。账号运营过程中难免会出现"掉粉"的情况，这一情况通过数据可以直观地看出，如图 6-14 所示为账号近 60 天新增粉丝数据。

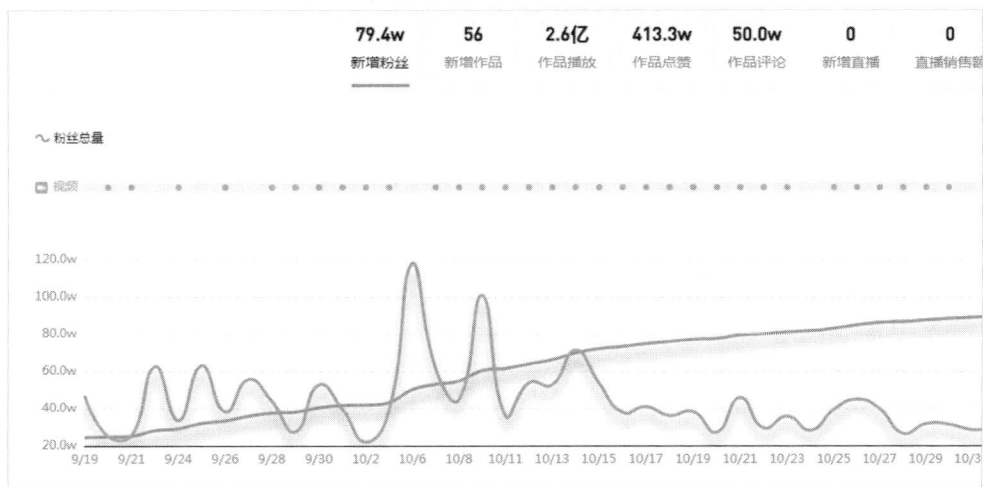

图 6-14　近 60 天新增粉丝数据

6.2.2　播放数据：视频播放效果评估

　　播放数据是评估视频播放效果最为直观的数据，与视频播放有关的数据包括视频播放量、视频播放走势和累计播放次数等。

（1）视频播放量

　　短视频发布后，首先要关注的数据就是播放量，播放量是一个很基础的数据，体现了短视频内容的曝光量，即有多少人观看这条视频，如图 6-15 所示为单条视频播放量数据。

作品信息	传播指数	播放数	操作
但凡有一个智商高的 这节目 2021-10-19	🔥 68.7	228.2w	分析 播放
南方100块钱的麻辣烫... 2021-10-22	🔥 72.7	348.4w	分析 播放

图 6-15　单条短视频播放量数据

（2）视频播放走势

短视频播放量是一个动态数据，对分日的播放量进行统计，就可以了解视频播放的走势，看视频发布后，哪个时间节点出现真正放量，而哪个节点产生了播放高峰，如图 6-16 所示。

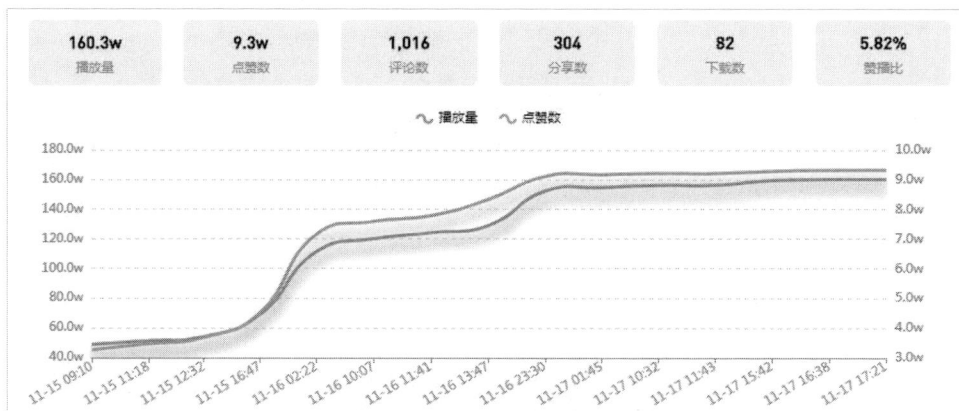

图 6-16　短视频播放走势

（3）累计播放次数

累计播放次数即指视频的播放总次数，是所有作品播放量的总和数据，根据选取的统计周期不同，这一数据会有变化，如图 6-17 所示。

作品数	播放总数	点赞总数
136	6558.8w	128.4w

图 6-17　短视频累计播放次数

6.2.3　互动数据：粉丝评论点赞数据

对短视频而言，有 3 个比较重要的互动数据，即点赞数、评论数和转发数。点赞数是体现短视频热度的一个重要指标，相较于评论、转发，点赞的操作更为简单直接，因此这一数据往往比评论数和转发数高，如图 6–18 所示。

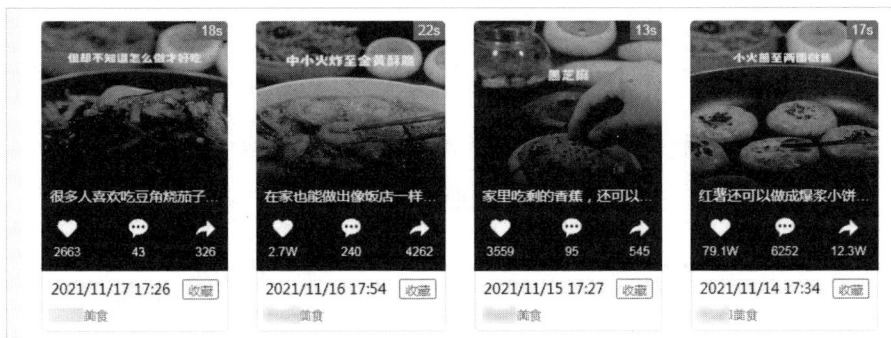

图 6–18　短视频互动数据

- **点赞数**：点赞数可以从侧面反映短视频受欢迎的程度，点赞量的高低在一定程度上会影响视频的推荐。
- **评论数**：评论数是影响短视频上热门的一个重要因素，短视频的评论数越高，越能够激发其他观众点击视频、浏览和主动评论的欲望，从而进一步提高视频的评论数据。
- **转发数**：一般来说，有价值、高质量的内容才能引起观众分享，因此，转发量是衡量短视频内容价值的一个指标。

不同的视频平台，体现短视频互动性的数据会有所不同，如对于 B 站来说，体现互动性的数据除了点赞数、评论数、转发数外，还有收藏数、弹幕数和投币数，如图 6–19 所示。

传播指数	播放数	点赞数	收藏数
64.24	317.8w	21.0w	61
评论数	弹幕数	投币数	分享数
4.5w	4.0w	12.7w	333

图 6–19　B 站互动数据

　　根据渠道的不同，在进行互动数据的分析时，应分析的关键数据也应不同，比如对于优酷、爱奇艺这类的传统视频平台来说，播放量是比较关键的数据；对于抖音、快手这类短视频平台来说，播放量、点赞数、评论数都是核心数据；对于微信、微博这类的社交平台来说，除 3 个基础数据外，还要关注转发量。

　　另外，短视频类型不同所注重的关键数据也应不同，比如对知识技能类的短视频来说，看收藏数、转发数会更有意义，而剧情搞笑类的可多看播放量、点赞数。

　　作品的播放数据、互动数据会共同影响短视频的推荐。因此，运营者要定期监测这几个数据的变化情况，当数据表现不理想或者出现较大变动时，及时分析原因，并做好相关的运营调整工作，如图 6-20 所示为 B 站互动与传播变化趋势图（评论数据）。

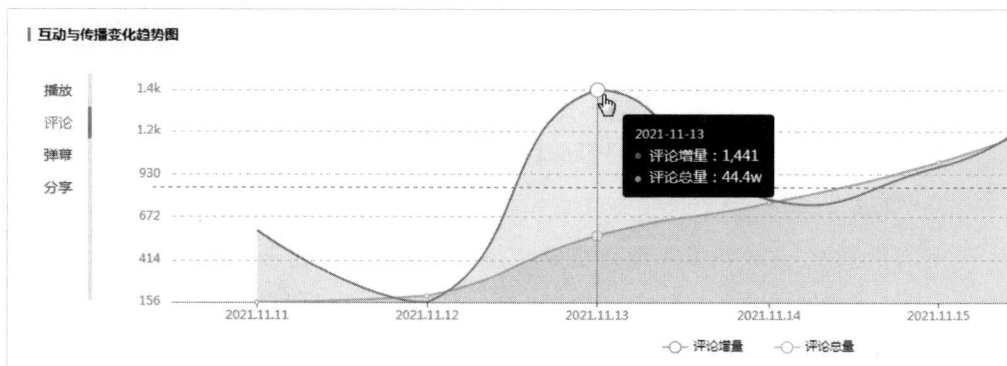

图 6-20　互动与传播变化趋势图

6.2.4　行业数据：把握未来行业趋势

　　做短视频运营还需要对行业趋势有一定的认知，了解行业的头部账号有哪些，哪些竞品账号涨粉较快、哪类视频更受用户欢迎以及带货商品排行榜等。行业数据分析能够帮助运营者更好地把握未来，需要运营者重点关注的行业数据有以下一些。

（1）同类账号排行数据

　　一个初创的短视频账号要想在竞争中脱颖而出，竞品账号分析是少不了的。

对竞品账号进行分析，可以帮助运营者查找自身的不足，通过内容输出的对比，了解为什么受众更倾向于看他的视频，而不是你的，从而实现取长补短。分析竞品账号，对未来制订运营规划也会有参考价值。

同类的头部账号是需要重点分析的对象，这类账号的运营水平通常已经成熟，在账号定位、粉丝维护、内容创作等方面有值得学习之处。通过粉丝排行榜就可以了解到同类的头部账号，查看时注意区分达人、企业和机构，如图 6-21 所示为抖音剧情搞笑类粉丝榜。

| 全部 | 生活 | 美妆 | 美食 | 穿搭 | 汽车 | 游戏 | **剧情搞笑** | 宠物 | 蓝V | 音乐 | 母婴亲子 | 才艺技能 |
| 影视娱乐 | 艺术文化 | | 美女 | 帅哥 | 舞蹈 | 旅行 | 情感 | 科技数码 | | 运动健身 | 媒体资讯 | 好物种草 | 医疗健康 |

排名	头像	昵称		抖音粉丝总数	粉丝总数	点赞总数	视频总数	添
01				1094.4万	1094.4万	2.13亿	251	
02				1081.5万	1146.8万	7118.6万	213	
03				1064.9万	1065.2万	1.98亿	234	

图6-21　抖音剧情搞笑类粉丝榜

其次，可以查看与我们账号粉丝体量相近以及涨粉数排名靠前的竞品账号，这类账号也值得持续关注，如图 6-22 所示。

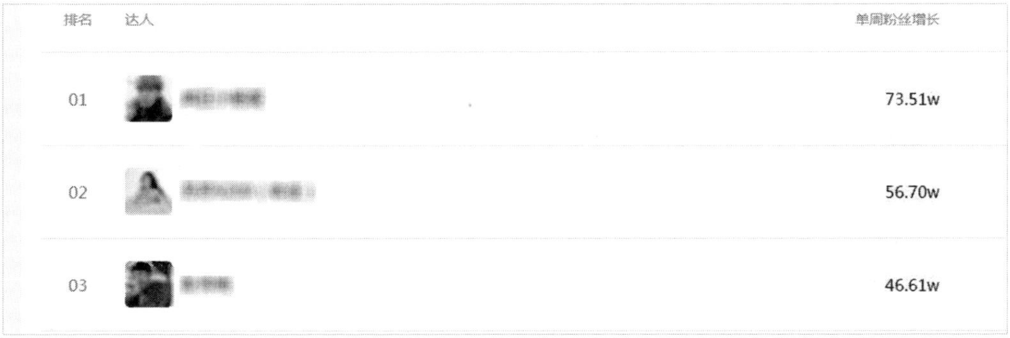

排名	达人	单周粉丝增长
01		73.51w
02		56.70w
03		46.61w

图6-22　抖音剧情搞笑类涨粉榜（周榜）

（2）同类视频排行数据

包括热门视频排行、带货视频排行以及竞品账号整体视频排行，通过这些数据了解行业话题热度，运营者可以借鉴其优点，然后对自己的视频进行优化，如图 6-23 所示为美妆个护带货视频排行榜（周榜）。

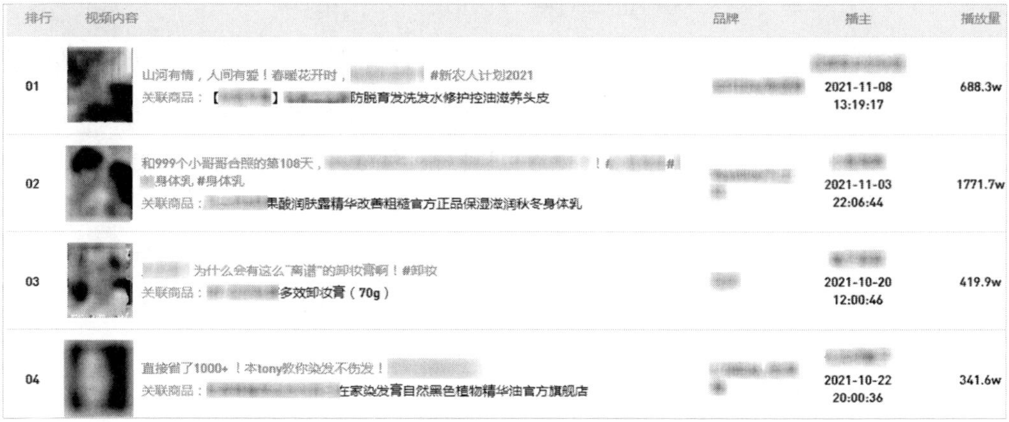

排行	视频内容	品牌	播主	播放量
01	山河有情，人间有爱！春暖花开时， #新农人计划2021 关联商品：【 】 防脱育发洗发水修护控油滋养头皮		2021-11-08 13:19:17	688.3w
02	和999个小哥哥合照的第108天， ！# # 身体乳 #身体乳 关联商品： 果酸润肤露精华改善粗糙官方正品保湿滋润秋冬身体乳		2021-11-03 22:06:44	1771.7w
03	为什么会有这么"离谱"的卸妆膏啊！#卸妆 关联商品： 多效卸妆膏（70g）		2021-10-20 12:00:46	419.9w
04	直接省了1000+！本tony教你染发不伤发！ 关联商品： 在家染发膏自然黑色植物精华油官方旗舰店		2021-10-22 20:00:36	341.6w

图 6-23　美妆个护带货视频排行榜（周榜）

（3）带货商品排行数据

视频带货是短视频变现的一种主要方式，通过了解商品排行榜、商品曝光榜、达人销量榜、品类排行榜，可以帮助运营者对带货商品进行有针对性的调整，如图 6-24 所示为抖音商品榜周榜。

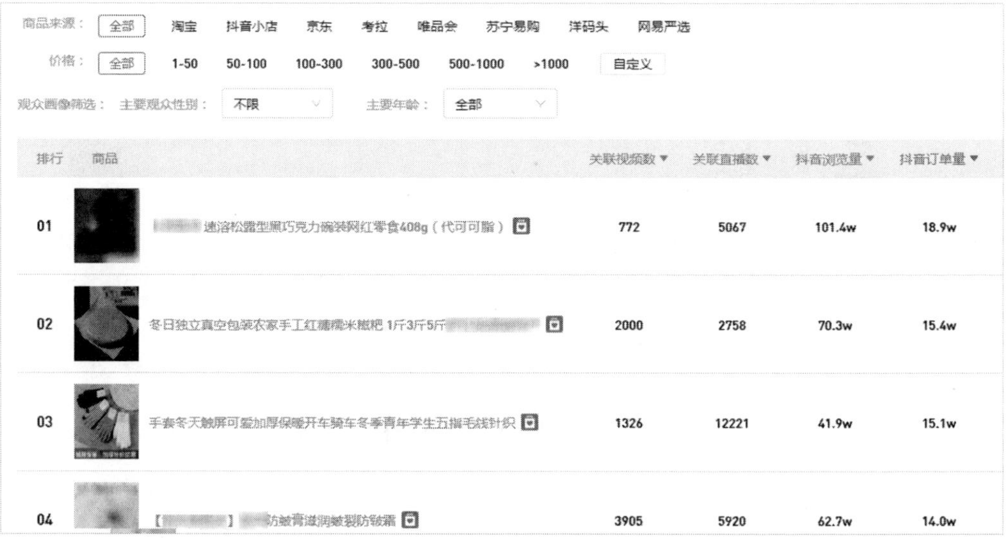

排行	商品	关联视频数	关联直播数	抖音浏览量	抖音订单量
01	速溶松露型黑巧克力碗装网红零食408g（代可可脂）	772	5067	101.4w	18.9w
02	冬日独立真空包装农家手工红糖糯米糍粑 1斤3斤5斤	2000	2758	70.3w	15.4w
03	手套冬天触屏可爱加厚保暖开车骑车冬季青年学生五指毛线针织	1326	12221	41.9w	15.1w
04	【 】 防皱膏滋润皴裂防皱霜	3905	5920	62.7w	14.0w

图 6-24　抖音商品榜周榜

6.2.5　产品数据：产品推广转化数据

通过短视频进行商品销售，要对产品品类、产品销量、转化率有清晰的认识，这样才知道哪些商品值得推广，哪些商品能够带来利润，比较关键的产品数据有以下一些。

（1）视频商品分类数据

了解短视频带货商品的主要类目、品牌以及价格等，分析商品类目、价格是否与目标粉丝商品喜好、购买力相匹配，可据此调整选品，如图 6–25 所示为抖音账号视频商品近 60 天分类和价格分布数据。

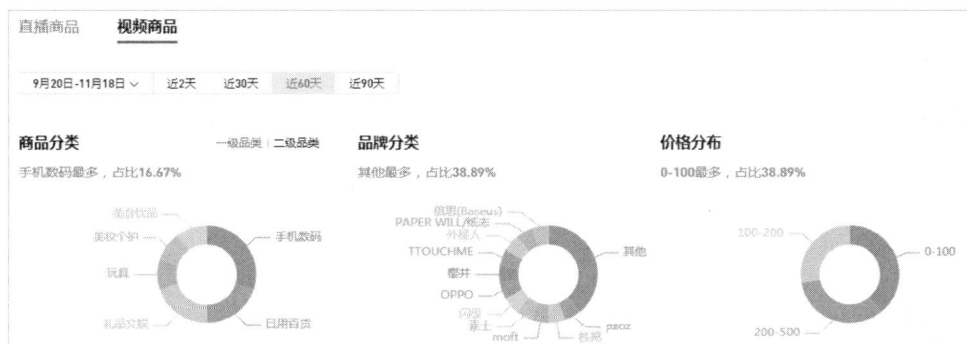

图 6–25　视频商品近 60 天分类和价格分布数据

（2）视频商品销售数据

了解短视频带货商品的销量、销售额，以此判断哪些商品更热销，更适合视频带货模式，如图 6–26 所示。

商品（共有18个商品）	售价	佣金	视频销量	视频销售额	关联达人 | 直播 | 视频
魔术贴理线器自由裁剪可反复使用整洁收纳 日用百货	¥12.9/~~12.9~~	20%	7255	9.4w	105 | 741 | 43
【新品】 扫拖机器人自己洗拖布自动上下水智能扫地机	¥1000.0w/~~1000.0w~~	6.01%	37	3.7亿	60 | 0 | 60
【 】多功能中性笔六合一工具笔 可当触控笔螺丝刀水平仪 礼品文娱	¥9.9/~~39.9~~	25.05%	56	554.4	107 | 249 | 87

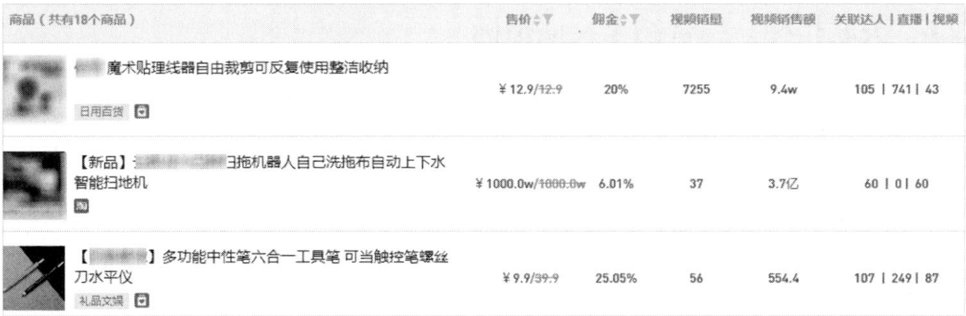

图 6–26　带货商品销售数据

（3）同款商品带货视频数据

了解短视频关联的商品有哪些达人在带货、带货视频的内容以及消费者对商品的评价，通过数据分析对视频、商品进行调整优化。如图 6-27 所示为“魔术贴理线器”视频带货达人数据，可以看到带货视频声量、视频总点赞数等，其中视频声量 = 总点赞数 + 总评论数 + 总分享数，一般认为带货视频声量越高，视频传播效果越好，带货销量也越高。

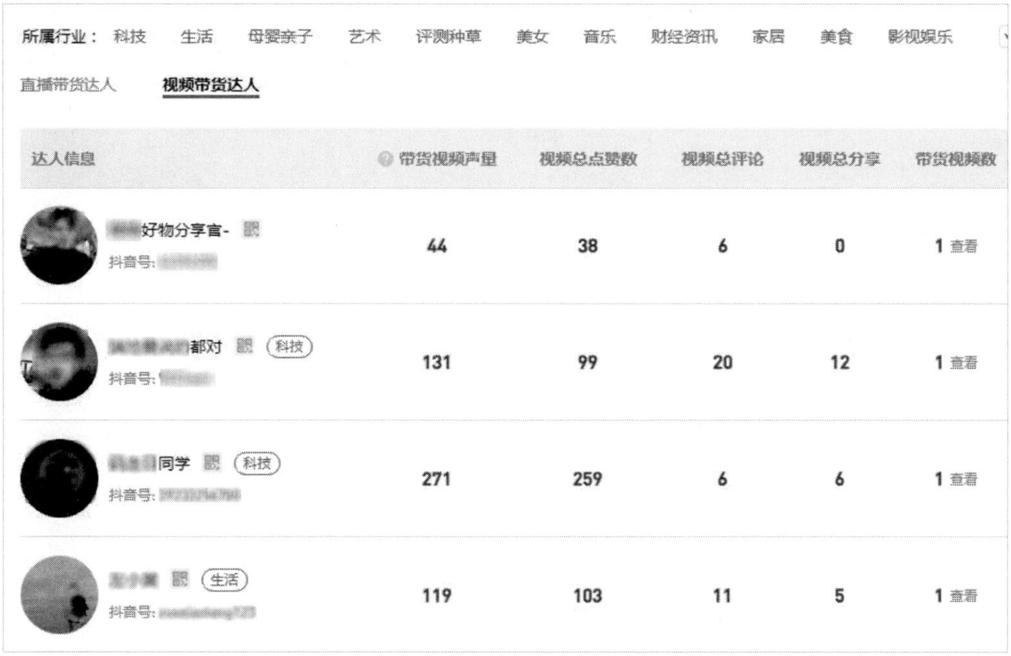
所属行业： 科技 生活 母婴亲子 艺术 评测种草 美女 音乐 财经资讯 家居 美食 影视娱乐

直播带货达人 视频带货达人

达人信息	带货视频声量	视频总点赞数	视频总评论	视频总分享	带货视频数
好物分享官- 抖音号:	44	38	6	0	1 查看
都对 科技 抖音号:	131	99	20	12	1 查看
同学 科技 抖音号:	271	259	6	6	1 查看
生活 抖音号:	119	103	11	5	1 查看

图 6-27　同款商品视频带货达人数据

6.2.6　关联指标：综合结果反馈指标

关联指标是与播放数据、互动数据等有关联的一些数据指标，是两个数据相互作用的结果反馈，比较重要的关联指标有赞粉比、互动率、转粉率等，部分关联指标的具体含义见表 6-2。

表 6-2 短视频关联指标

指标	公式	意义
转粉率	粉丝关注量 / 视频播放量	转粉率越高越好，体现作品带来的新增粉丝率，可作为评估账号整体价值的一个客观参考依据
互动率	赞 + 收藏 + 评论等互动数据 / 播放数据	统计期内作品获赞、收藏、评论等互动数据与播放数据综合计算得出，互动率高说明粉丝的活跃度越高，短视频也越容易上热门
点赞率	点赞量 / 视频播放量	反映观众对作品的喜欢或认可，点赞率越高越好
评论率	评论量 / 视频播放量	评论率高说明作品能让观众有表达的意愿，能够体现观众的一种态度
转发率	转发量 / 视频播放量	转发率高说明观众更愿意将作品分享出去，能够体现作品的传播性
完播率	视频完整播放的次数 / 视频播放的次数	完播率越高越好，能够代表短视频内容对观众的吸引力，完播率越高，系统推荐率就越高
转粉率	粉丝关注量 / 视频播放量	转粉率越高越好，体现作品带来的新增粉丝率，可作为评估账号整体价值的一个客观参考依据
赞粉比	总获赞数 / 总粉丝数	赞粉比可能大于1，也可能小于1，数值越高越好，一般可用于判断账号的质量，以及粉丝的有效互动。该数据与短视频类型也有一定的关系，一般来说情感、搞笑领域短视频账号更能获得高赞粉比，这类短视频更能引发观众共鸣
播粉比	视频平均播放量 / 粉丝总数	比起单独看视频播放量和粉丝量，该数据更能反映作品在流量池内受欢迎的程度

在数据分析平台，会对某些数据指标进行说明，运营者可以单击"❓"按钮查看，如图 6-28 所示。

图 6-28 查看数据指标说明

6.3 短视频运营该如何做数据分析

对数据有清晰的认识是做好数据分析的第一步，接下来运营者还需要结合作品、粉丝等数据进行综合评估，充分利用数据来助力账号运营。在分析时要保持客观的态度，这样会让分析更理性、准确。

6.3.1 视频粉丝画像分析

做短视频数据化运营，需要关注粉丝画像是什么特征，根据这些特征来优化运营，我们可以从 4 个维度进行粉丝画像分析，如图 6-29 所示。

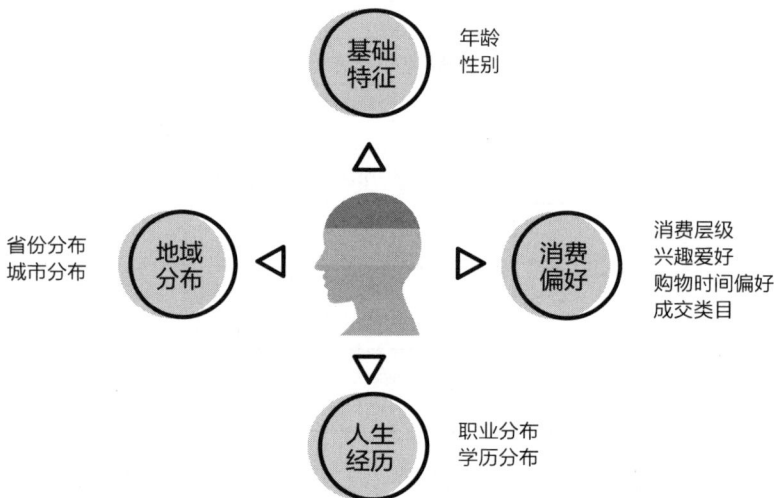

图 6-29 分析粉丝画像的 4 个维度

以上维度具体要如何分析呢？首先在数据分析平台上找到粉丝画像数据，这里以灰豚数据为例，来看看如何进入数据分析工作台页面。

实例分析

数据分析平台查看粉丝画像

进入灰豚数据首页，在打开的页面单击"登录／注册"按钮，如图 6-30 所示。

图6-30 进入灰豚数据首页

此时会弹出二维码扫码登录窗口，用手机微信扫码登录，登录成功后单击"查找抖音号/抖音号搜索"超链接，在搜索框中输入抖音号，单击"搜索"按钮，如图6-31所示。

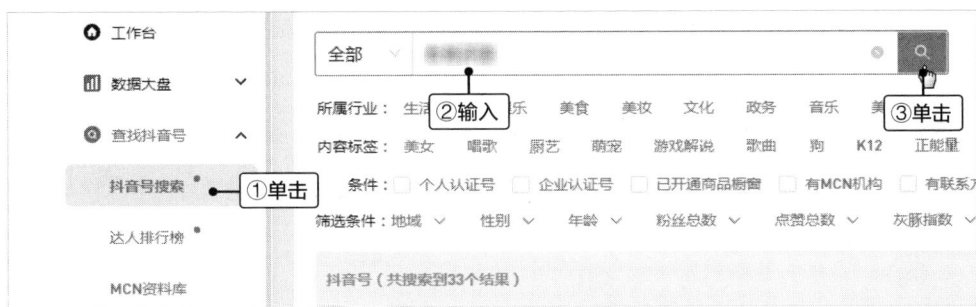

图6-31 搜索抖音号

在搜索结果中单击账号名称超链接，在打开的页面中单击"粉丝分析"超链接，进入数据概览页面，如图6-32所示。

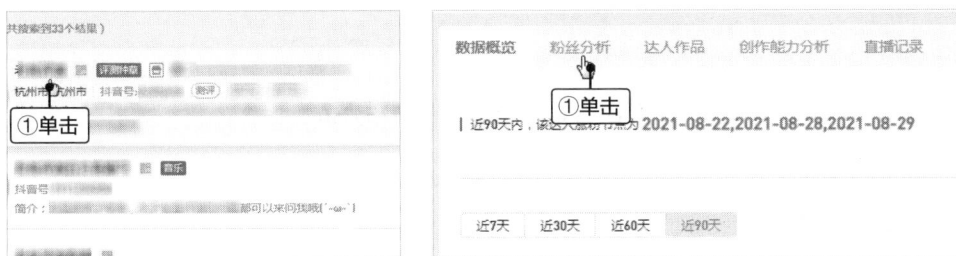

图6-32 进入数据概览页面

在粉丝分析页面，可以看到粉丝的年龄和性别画像，这是粉丝的人口属性特征，如图6-33所示。

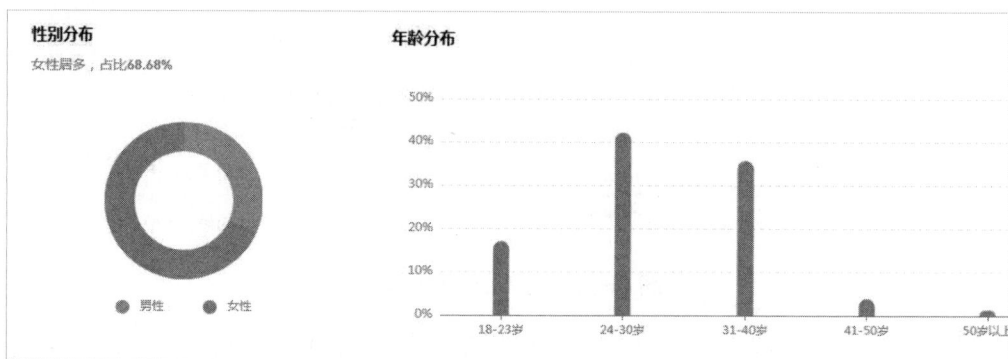

图 6-33　粉丝性别、年龄分布

从粉丝性别分布情况来看，女性粉丝占比极高，占比为 68.68%，男性仅为 31.32%，可见账号对女性吸引力更大。从粉丝年龄分布情况来看，具有年轻化的特征，其中 24 ～ 30 岁粉丝占比最高，为 42.1%，31 ～ 40 岁粉丝占比次之，为 35.65%，18 ～ 23 岁粉丝占比 17.12%，40 岁以上粉丝占比较少，仅 5.13%。

分析了粉丝的性别和年龄后，来看看粉丝的地域和城市分布，看看粉丝是否带有很强的地域属性，如图 6-34 所示。

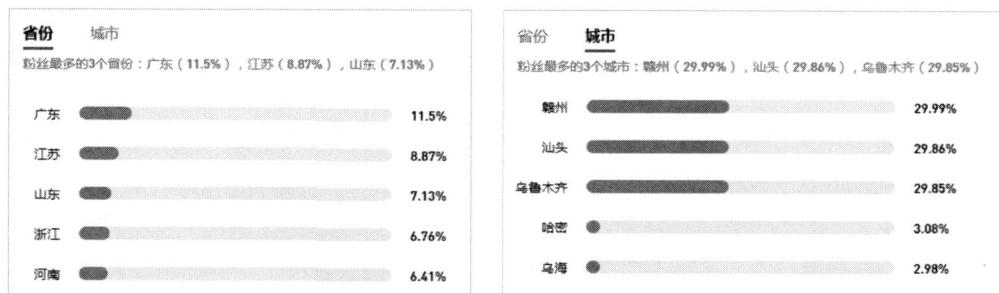

图 6-34　粉丝地域和城市分布

从上图可以看出，粉丝主要分布在广东（11.5%）、江苏（8.87%）、山东（7.13%）3 个省份，有一定的地域特征。

性别、年龄和地域是粉丝的共性特征，除此之外还要了解粉丝的消费偏好，尤其是消费层级（消费能力）以及购物偏好，如图 6-35 所示为粉丝成交类目分布和观众消费水平分布。

图 6-35　粉丝购物偏好和消费层级

25 ～ 40 岁女性是消费的主力军，从粉丝的消费水平分布可以看出，属于中等的层次，偏爱购买女装、童装、美容护肤产品。可以初步判断，粉丝中中等家庭偏多，有较强的购买能力，有一部分属于母婴人群，且是以 90 后、80 后为代表的妈妈。

在灰豚数据中还可以查看粉丝的活跃时间分布、设备分布和活跃度分布，如图 6-36 所示为设备分布和活跃度分布。

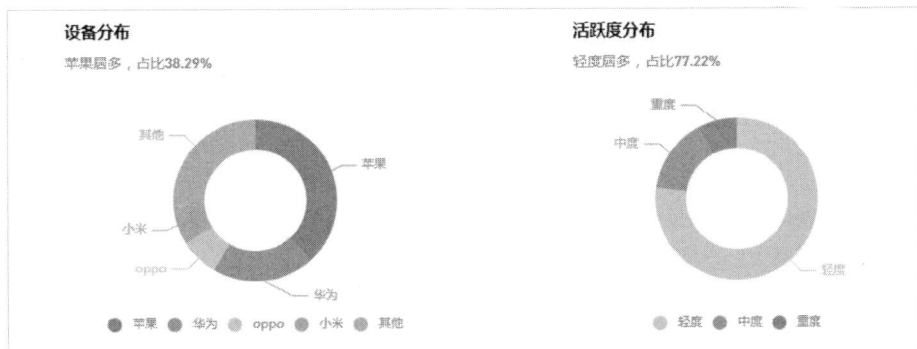

图 6-36　粉丝设备分布和活跃度分布

6.3.2　视频发布质量分析

抖音中，反映视频发布质量的关键指标有 3 个，播放量、点赞量和评论数，这 3 个数据是衡量用户观看行为的重要指标。在灰豚数据"达人作品"页面查看已发布的视频播放量数据，单击视频标题超链接可进入"视频详情"页面，如图6-37所示。

图 6-37　查看视频播放数据

进入视频详情页面，查看播放量和点赞数走势，以及评论数、分享数、赞播比等，如图6-38所示。

图 6-38　单条短视频详情

通过上图不难发现，视频的播放量在11月15日发布后的24小时内有很明显增长，且增速较快，到11月18日趋于平缓，真正放量是从11月26日00:00开始，在11月18日00:05产生了播放的高峰，点赞数与播放量的走势基本一致。从评论数、分享数的数据来看，分享数远大于评论数，可见视频具有很强的分享价值，从侧面说明视频的质量很高且实用，观众看了以后觉得值得分享出去。

接下来还需要运用对比分析法，对比已发布视频的播放量数据，看看哪些视频没有获得正常的播放水平，对此类视频要有针对性地进行分析，以判定是否需要对视频内容、标题、封面等进行优化调整，如图 6-39 所示为近 10 个作品数据。

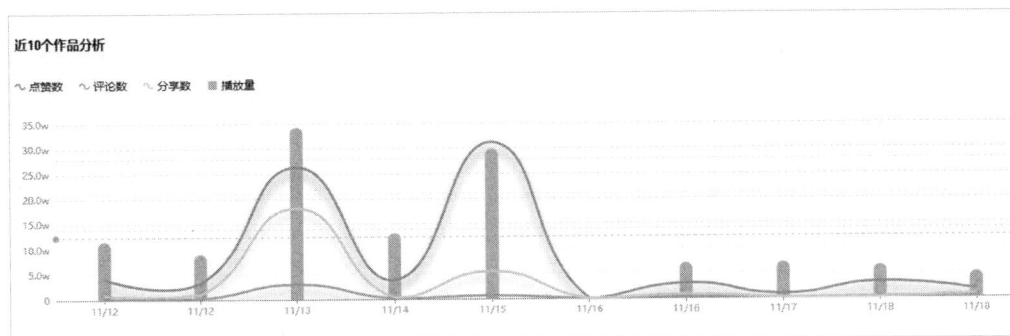

图 6-39　近 10 个作品数据

根据上图可以看到，11 月 13 日和 11 月 15 日发布的短视频获得了较高的播放量、点赞数和分享数，11 月 12 日发布的视频数据表现不佳。这时详细分析当日发布的视频，从而进一步对短视频内容进行优化，见表 6-3 为短视频自检清单，分析视频在哪方面存在问题。

表 6-3　短视频自检清单

方向	存在的问题	备注
选题		
拍摄		
开头		
内容		
结尾		
文案		
配乐		

日常分析时可将每周或每月视频的播放和互动数据导出来，从高到低进行排

名，分析排在前列的视频有哪些优点和特征，排名靠后的视频存在哪些问题。如果同一条视频发布到了多个平台，还可以统计分析不同平台的播放和互动数据，看哪个平台的视频播放效果更好，进一步帮助我们对渠道和内容进行优化调整，见表6-4为同期视频播放数据分析表。

表6-4 同期视频播放数据分析表

序号	标题	日期	平台					
			抖音	快手	头条	火山	B站	美拍

除了要对比自己发布的作品数据外，还要与同类相近题材的短视频做比对，如果与同类视频相比，我们的视频播放量明显偏低，那么就需要反思，学习借鉴同类优质视频做得好的地方，对选题范围、内容形式等方面进行优化。

6.3.3 同行视频数据分析

分析竞品账号视频数据有助于了解竞争对手动态，帮助我们快速进行自我调整，对竞品账号分析主要可从以下几方面来进行。

（1）了解竞品账号粉丝画像

分析竞品账号同样需要了解其粉丝画像，我们做短视频营销和运营，主要目的是获取忠实粉丝，进而实现转化。所以，需要分析竞品账号的粉丝群体，看竞品账号粉丝群体的覆盖范围，假设竞品账号的主要粉丝群体为18～23岁、24～30岁的男性，分别占50%和30%，而我们账号中18～23岁粉丝的占比为5%，那么这一年龄段的男性用户就是我们需要重点吸引的潜在用户。

除此之外，还可以分析竞品账号粉丝的兴趣爱好、消费行为等，能帮助我们更准确、更有针对性地进行内容创作。

（2）分析竞品账号视频高播放量、互动量规律

一条视频之所以能获得高播放量、互动量，必有一定的特征和规律。在灰豚数据平台通过同类账号排行榜查看排名靠前的竞品账号，或者通过粉丝重合度数据来筛选竞品账号，如图 6-40 所示。

图 6-40　粉丝重合度数据

进入竞品账号数据概览页面，单击"创作能力分析"超链接，从中可以看到近 30 天中最高点赞、最高评论、最高分享的视频，如图 6-41 所示。

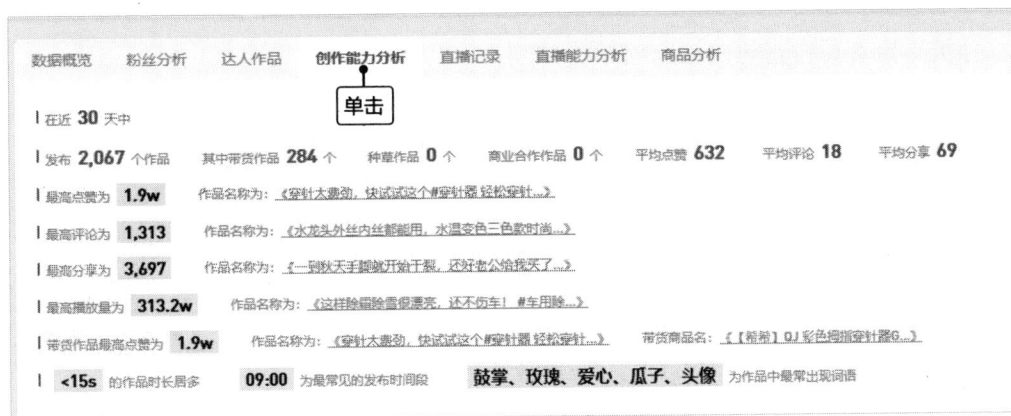

图 6-41　竞品账号创作能力分析

单击作品名称超链接可进入视频详情页，分析视频的标题、时长、封面、粉丝评论反馈，了解观众对该条视频的态度及喜爱程度，将值得借鉴之处记录下来，见表 6-5。

表 6-5　竞品账号优质视频分析表

方向	优点	备注
选题	贴近大众，解决了用户痛点，紧跟热点	
拍摄	画质清晰，有感染力	
内容 / 文案	有情怀，贴近生活，讲述的是日常生活中的事，符合目标粉丝的喜好	
时长	30 s ～ 60 s 的时长	
发布时间	在粉丝活跃的时间段发布，22:00、21:00、23:00	
结尾	结尾引导粉丝关注和点赞	

6.3.4　热门榜单数据分析

数据分析平台为我们提供了多种不同的热门榜，如展示热点内容和热度的热点榜、展示热门视频的热门视频榜、展示歌曲热度的音乐榜，这些排行榜单可为内容创作提供指导，下面就来看看如何运用热门榜单数据做热点选题。这里在数据分析平台查看抖音热门话题榜单，如图 6-42 所示。

话题	参与人数	新增参与人数	播放量	昨日播放量	热门视频TOP3
#变声	2219.7w	51.8w	249.4亿	3.5亿	
#上热门	2498.3w	51.5w	5568.7亿	9.2亿	
#外面空气真好	856.1w	51.2w	62.6亿	4.0亿	

图 6-42　查看短视频热门话题

选择一个合适的话题查看其热度，包括新增人数趋势、使用人数行业分布以及播放量增量趋势，尽量选择有上升趋势的话题，如果话题热度处于下降趋势，甚至呈现出消散的趋势，那么再做此类选题可能无法获得很高的流量，如图 6-43 所示为"变声"话题数据。

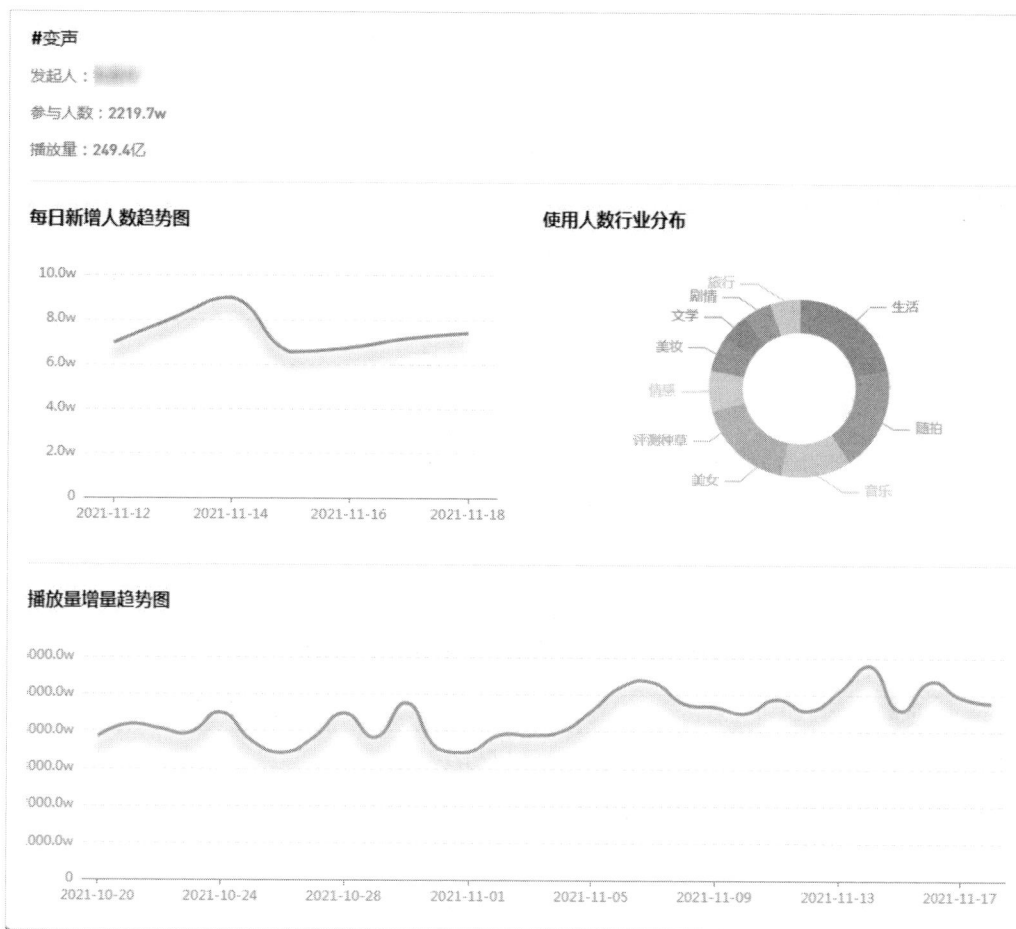

#变声
发起人：
参与人数：2219.7w
播放量：249.4亿

每日新增人数趋势图

使用人数行业分布

播放量增量趋势图

图 6-43　话题热度趋势

从上图可以看出，该话题在抖音拥有很高的热度，不同行业都有人使用，话题热度有上涨趋势，接下来还需要利用其他工具进一步判断该话题的需求趋势。这里以百度指数为例，进入百度指数首页，在搜索框中输入"变声"话题，单击"开始探索"按钮，如图 6-44 所示。

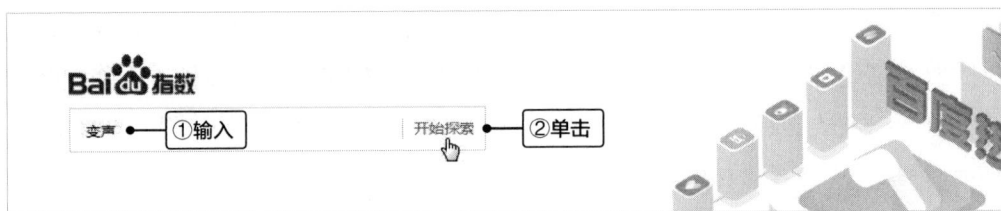

图 6-44　进入百度指数首页

这里选取了"变声"近30天PC+移动端的搜索指数，搜索指数显示互联网用户对关键词搜索关注程度及持续变化情况。根据数据来源的不同，搜索指数分为PC搜索指数和移动搜索指数，如图6-45所示。

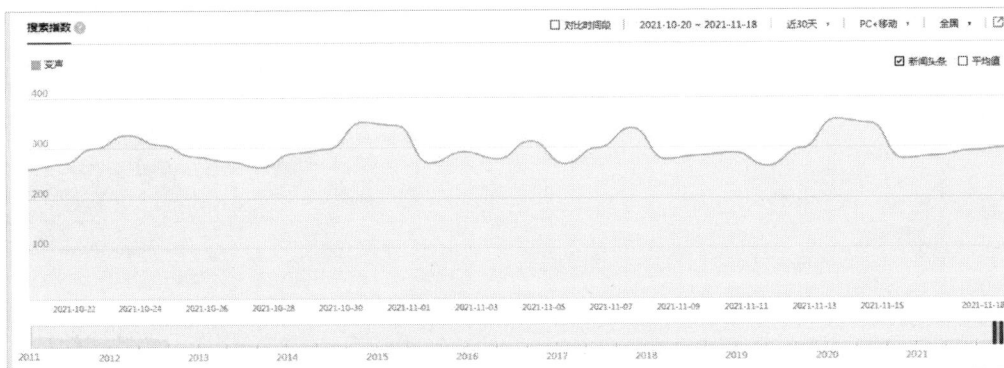

图 6-45　近30天PC+移动端搜索指数

从搜索指数趋势图来看，进一步印证了"变声"是一个热度上升的话题。此时，进一步分析该话题的人群画像，查看该话题的人群属性是否与目标受众相近，如图6-46所示为"变声"话题人群属性。

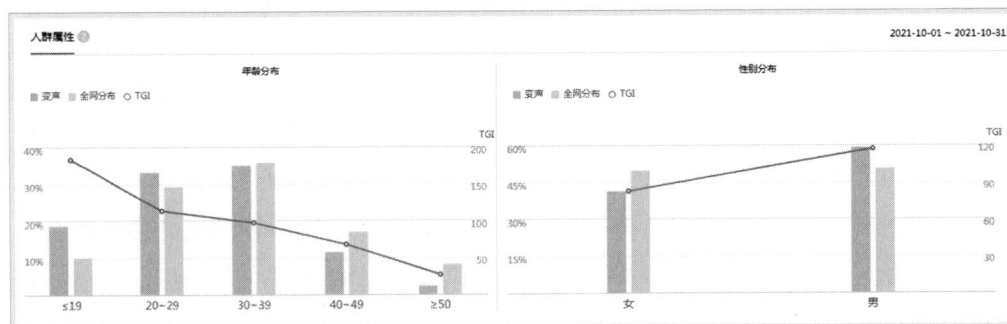

图 6-46　"变声"话题人群属性

关注该话题词的人群有哪些兴趣爱好也是运营者需要了解的，以此判断这一话题是否能被目标受众所喜欢，如图 6-47 所示。

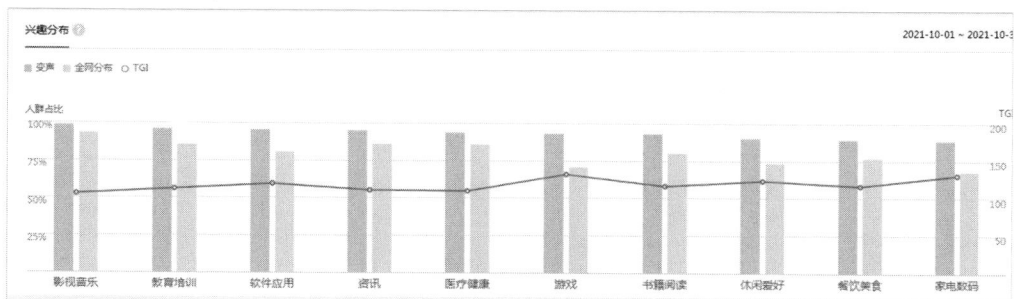

图 6-47　"变声"话题人群兴趣分布

从上图可以看出，热爱影视音乐的人群占比最高，为 98.01%，单击兴趣分布柱状图可查看具体的兴趣分布，如图 6-48 所示。

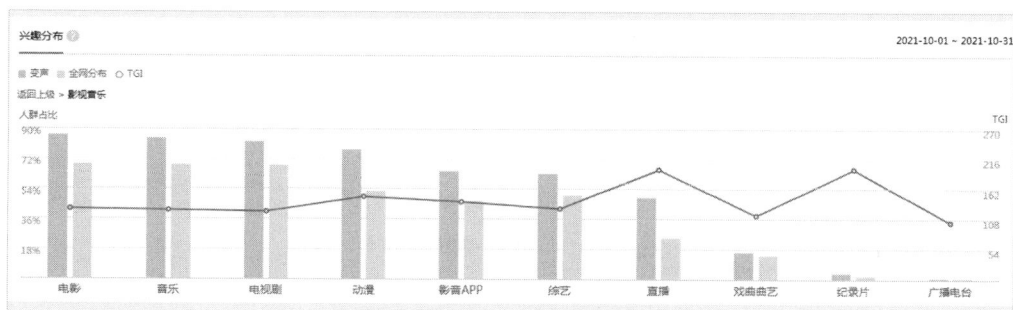

图 6-48　影视音乐人群兴趣分布

如果我们的目标粉丝画像符合上述兴趣分布特点，那么这一话题就具有很好的适配性，迎合目标受众的喜好来输出内容，曝光率和转化率会更高。

做热门话题短视频，如果视频内容没有差异化，也很难脱颖而出。基于热门话题进行内容创作时，还要注意避免短视频作品同质化问题，可从不同的角度来创作有鲜明个性和差异化定位的优质短视频。

在百度指数中，可利用需求图谱来帮助运营者延伸选题，让短视频内容与众不同、独具特色，如图 6-49 所示为"变声"话题的需求图谱，相关词距圆心的距离表示相关词与中心检索词的相关性强度。相关词自身大小表示相关词自身搜索指数大小，红色代表搜索指数上升，绿色代表搜索指数下降。

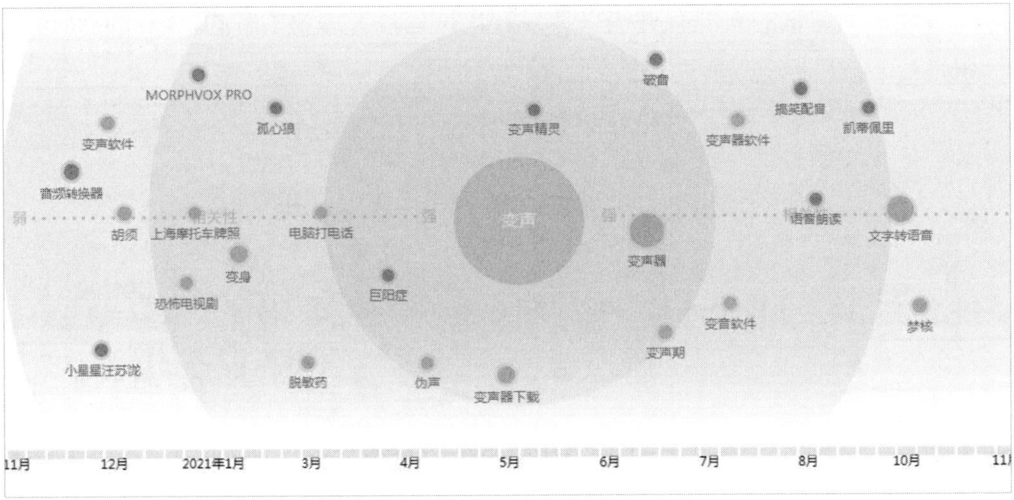

图6-49 "变声"话题需求图谱

从相关度热度来看，变声器、文字转语音、变身具有很高的搜索热度，处于上升趋势的词有变声精灵、罗星汉，如图6-50所示。

图6-50 "变声"相关词热度

当有多个热门选题时，可以利用百度指数的对比功能，对比不同关键词的趋势、人群画像以及需求图谱，看哪个选题更适合进行创作。

第 7 章

借助Excel处理和分析短视频数据

在之前章节中我们对比较实用的5款短视频数据分析工具进行了基本了解，这些分析工具都是联网在线使用，不同的数据分析平台，其提供的数据分析功能也不一样。然而，在实际的短视频运营中，要想更加灵活地处理和分析短视频数据，就有必要掌握另一种常见数据分析工具——Excel。

短视频数据化运营为什么要学Excel

平台数据不是全部数据
用户的需求不同
数据呈现方式不直观

短视频运营数据从哪里来

直接导出平台数据
借助Excel的导入网络数据功能获取数据
直接复制网页数据到Excel表格中

7.1 短视频数据化运营为什么要学 Excel

对短视频运营而言，数据分析可以帮助运营者对其运营策略进行指导，基于可靠的数据分析结果做出的内容，可以更能得到受众的喜爱，获得更多的流量，从而达到更好的运营效果。既然市面上有各种短视频数据分析工具，我们为什么还要学习 Excel 呢？其原因有很多，下面列举几点比较突出的原因进行讲解。

7.1.1 平台数据不是全部数据

短视频的数据化运营指的是对在整个营销过程中产生的各类数据进行管理和分析，不仅仅是指从各大数据分析平台中得到的流量数据、用户数据等，也包括一些线下数据的存储与管理，如员工数据、日常数据等，这些内部数据只能通过其他数据管理工具进行处理。

Excel 是 Microsoft Office 软件中的电子表格组件，它可以按行列的方式对数据进行二维存储，且其最大存储量可以达到 1 048 576 行 ×16 384 列，对于日常数据存储完全足够。如图 7-1 所示为 Excel 2016 的操作界面。

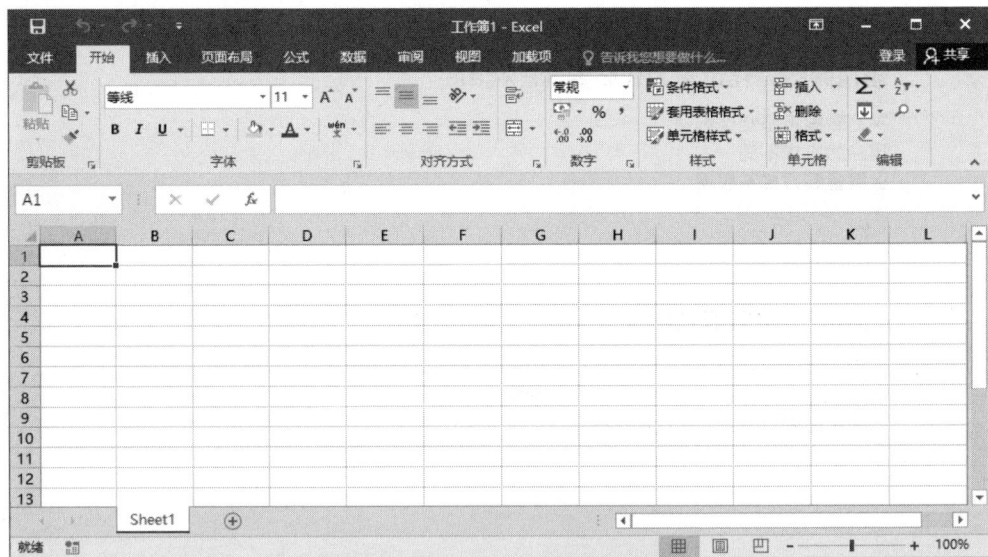

图 7-1 Excel 2016 操作界面

Excel 还提供了许多数据管理和处理功能，如编辑数据、保护数据、计算数据、筛选数据和分类汇总等，通过这些功能可以方便我们对数据进行存储和管理。而且 Excel 的界面简洁、操作简单，用户可以快速上手。

7.1.2　用户的需求不同

数据分析平台中的分析结果都是按既定的效果呈现，如图 7-2 所示为某一期直播监控详情数据。

直播数据分析	直播商品分析	互动分析	粉丝分析	连麦播主分析	商品弹幕舆情分析	监控详情	

数据详情					导出结果
时间		礼物总收入	弹幕数	人气峰值	小黄车商品数
2020-09-22 00:51:08		0	0	0	0
2020-09-22 00:50:00		12	501	1716	1
2020-09-22 00:40:00		33	312	1984	1
2020-09-22 00:21:08		33	312	2188	4
2020-09-22 00:11:06		40	739	2374	3
2020-09-22 00:01:08		64	501	2535	1
2020-09-21 23:51:06		56	916	2329	3
2020-09-21 23:41:06		46	463	2393	2
2020-09-21 23:31:06		141	408	2338	0
2020-09-21 23:21:08		28	500	2648	1
2020-09-21 23:11:08		30	916	3232	1
2020-09-21 23:01:08		31	501	3794	2
2020-09-21 22:51:08		119	1001	5447	2
2020-09-21 22:41:08		628	502	5481	2

图 7-2　直播监控详情数据

这组数据是以表格的形式展示的，虽然该表格统计了不同时间的礼物总收入、弹幕数、人气峰值以及小黄车商品数，但是各项目的最值在哪个时间点却不清楚，此时可以通过右侧的"导出结果"按钮将数据详情导出，再借助 Excel 按用户的实际需求处理数据。

例如，需要查看在整个直播过程中，弹幕数的变化趋势，并且将最大的 3 个弹幕数突出显示出来，此时如果借助 Excel 的图表功能，就可以得到如图 7-3 所示的分析结果。

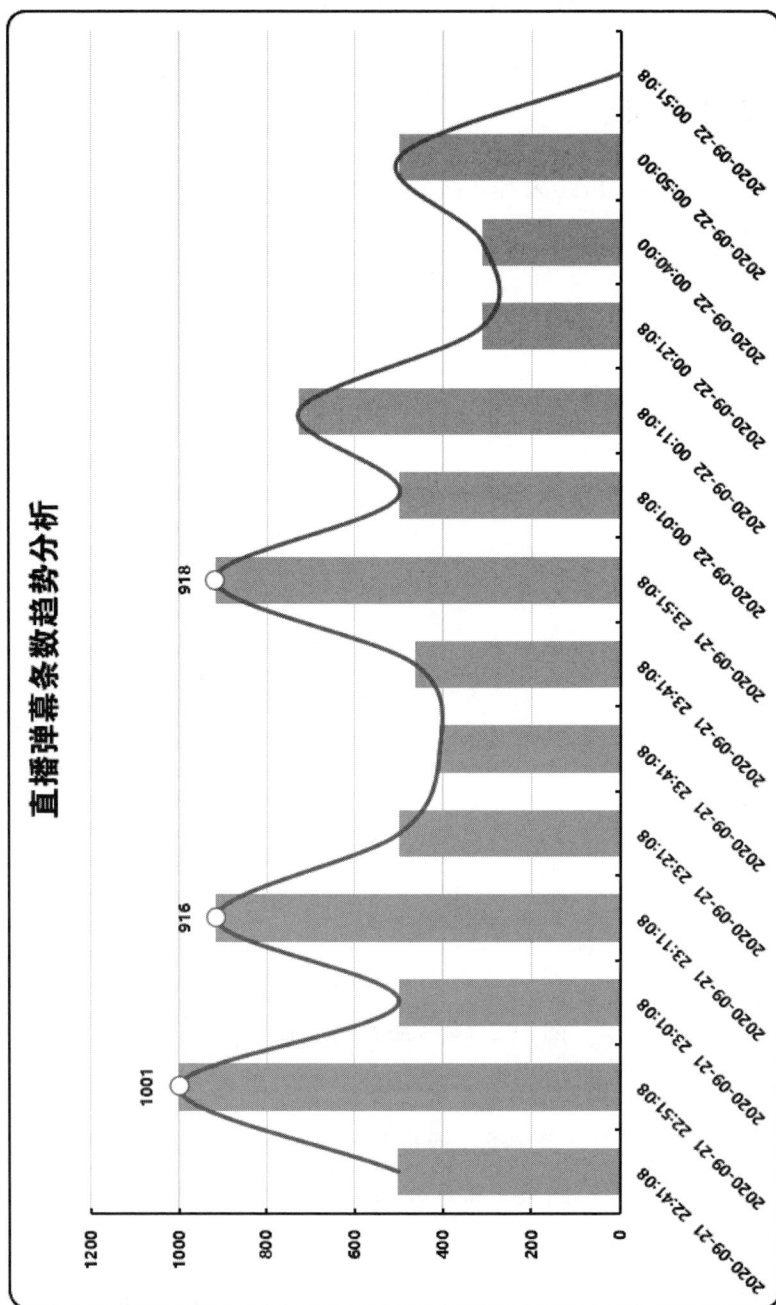

图 7-3 直播弹幕条数趋势分析

7.1.3　数据呈现方式不直观

如图 7-4 所示为护肤行业 30 天内的数据大盘。

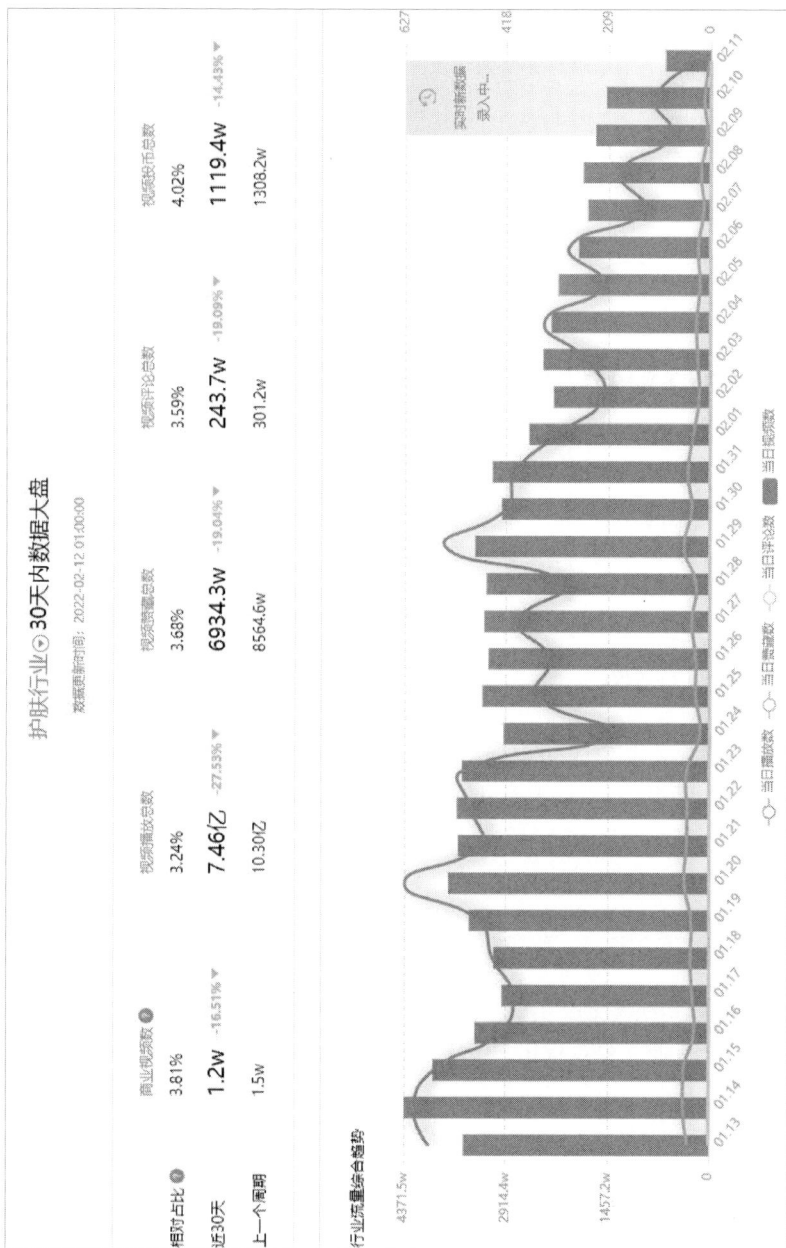

图 7-4　护肤行业 30 天内的数据大盘

从如上的行业流量综合趋势图表中可以看到，对当日播放数、当日赞藏数、当日评论数和当日视频数进行了刻画，但是由于当日评论数的数据量相对于其他数据而言非常小，将其在同一图表坐标系下进行展示，其总体趋势的刻画显得不直观。

除了以上 3 个比较突出的原因以外，还有其他一些原因，所以，无论是何种原因，都说明了一个问题——掌握 Excel 工具对于短视频数据化运营非常有必要。本章后面章节将针对具体的问题，介绍短视频运营者需要掌握的常见 Excel 数据处理与分析技能。

7.2　短视频运营数据从哪里来

对于一些内部数据，运营者可以通过手动创建工作表并录入数据的方式得到原始数据。本节介绍如何从网络中来获取数据，主要有两种方式，一种是直接导出平台数据，另一种是手动整理网络数据。

7.2.1　直接导出平台数据

在一些短视频数据分析平台或者短视频 App 后台管理上，允许用户直接导出相应的统计数据，下面通过在点点数据平台下载抖音黑马达人榜数据为例，讲解相关的操作。

> **TIPS　点点网介绍**
>
> 　　点点网是一家移动应用数据跟踪、市场分析、App 排名等数据分析服务商，致力于为互联网从业者提供专业的 ASO 优化、抖音数据、短视频数据、微博数据等服务。

实例分析

在数据平台下载黑马达人榜数据

进入点点网首页，将鼠标光标指向"短视频数据"导航按钮，此时将弹出一个面板，在其中单击"抖音达人"栏中的"达人排行"超链接，如图 7-5 所示。

图 7-5　单击"达人排行"超链接

　　程序自动进入到抖音达人的粉丝飙升榜页面，在其中可以查看到当日粉丝飙升的达人榜单。在页面顶端单击"黑马达人"超级链接，或者在左侧窗格的"抖音达人"栏中单击"黑马达人榜"超链接，如图 7-6 所示。

图 7-6　单击"黑马达人榜"超链接

　　程序自动进入到黑马达人榜页面，在其中可以看到平台提供了黑马达人日榜、周榜、月榜，在其右侧还有一个下拉列表框，提供了查询过去单日的黑马达人日榜，用户可以根据需要进行日期设置。这里保持默认的当日日榜，在"达人类型"栏中单击"生活"标签，即可查询当日生活类的抖音黑马达人榜，如图7-7所示。

图7-7　设置达人榜单搜索条件

在该榜单页面的右侧有一个"导出数据"按钮，如图7-8所示，单击该按钮即可将搜索当日的抖音生活类黑马达人榜单数据导出。

图7-8　单击"导出数据"按钮

需要说明的是，在点点网数据平台，对于一般注册用户，平台内只有部分数据可以免费查阅，如果要在平台查阅更多类型的数据或者导出数据，就需要付费升级版本，点点网数据平台提供 3 种使用版本，分别是高级版、专业版和旗舰版如图 7-9 所示。

图 7-9　点点网数据平台提供的 3 种付费版本

不同的版本，其适合的人群以及提供的功能都是不一样的，用户可根据实际需求选择合适的版本进行购买。

7.2.2　借助 Excel 的导入网络数据功能获取数据

并不是所有平台的数据都提供了导出数据功能，有的数据分析平台，只对部分数据提供导出功能，有的数据只对用户开放查询功能，面对这些数据，如果用户同样想将其下载下来自主分析，此时就需要借助 Excel 提供的导入网站数据功能来获取网络数据。需要说明的是，通过该方法导入网站数据，网站中包含的图片不能被导入到 Excel 中。

下面通过具体的实例讲解相关的操作方法。

实例分析

从数据平台下载爆款商品数据

进入点点网首页，在"短视频数据"下拉列表中找到"爆款商品"超链接进入对应页面，将文本插入点定位到浏览器地址栏末尾，此时将弹出相关复制网址的列表框，单击"复制此网址"列表选项复制当前的网页地址，如图 7-10 所示。

图 7-10　复制网页地址

启动 Excel 2016 应用程序，新建一个空白工作簿，单击"数据"选项卡，在"获取外部数据"组中单击"自网站"按钮，如图 7-11 所示。

图 7-11　单击"自网站"按钮

在打开的"新建 Web 查询"对话框中将之前复制的网页地址粘贴到该对话框的地址栏中，单击"转到"按钮，程序自动访问该网页，并在该对话框中加载网页内容。此时可以查看到页面中有黄色的向右的箭头图标 ⬌，单击该图标确定要导入数据的表格区域，单击"导入"按钮，如图 7-12 所示。

图 7-12　确认并导入网页数据

TIPS　识别网页中可导入的数据

在有的网页中，可能包含多个表格，在导入网页数据时，"新建 Web 查询"对话框中会自动分析网页，并在每个表格左上角显示一个 ⬌ 图标，单击该图标就可以选中该表格。

在打开的"导入数据"对话框中，程序默认选中了"现有工作表"单选按钮，表示导入的数据存放在当前的活动工作表中，在其下的参数框中设置要放置数据的具体单元格地址，这里直接选择 A1 单元格，最后单击"确定"按钮，如图 7-13 所示。（若要放置在新工作表中，则选中"新工作表"单选按钮。）

图 7-13　设置导入数据的存放位置

稍后系统自动将选择的数据连接到工作表的指定位置，选择任意数据单元格，在"数据"选项卡"连接"组单击"连接"按钮，如图 7-14 所示。

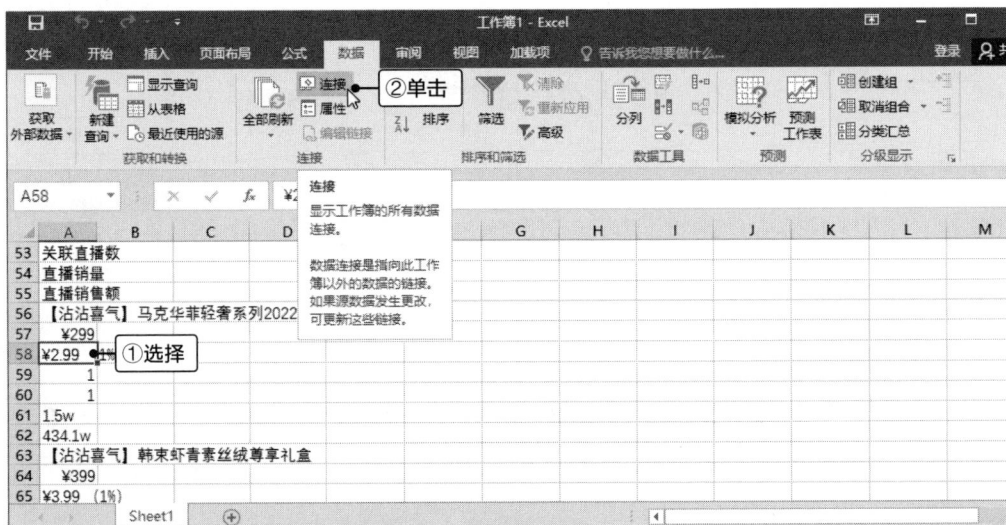

图 7-14　单击"连接"按钮

在打开的"工作簿连接"对话框中选择需要删除的连接，单击"删除"按钮，在打开的提示对话框中单击"确定"按钮断开工作簿与网络数据的连接，如图 7-15 所示。在返回的"工作簿连接"对话框中单击"关闭"按钮关闭对话框，完成整个网页数据的导入操作。

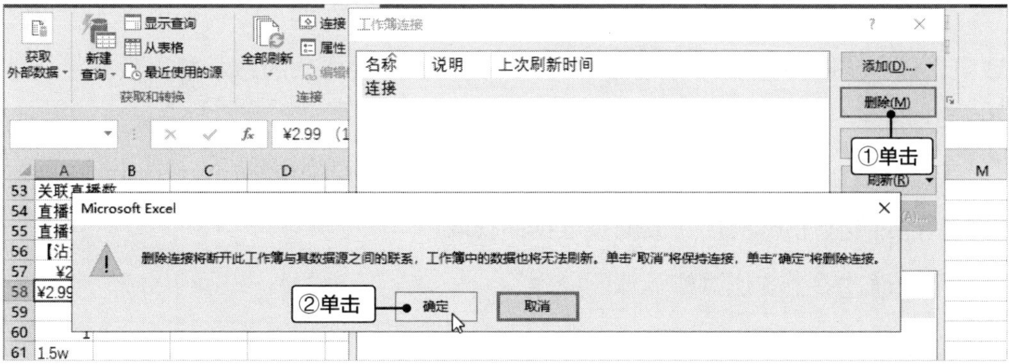

图 7-15　删除连接

操作的最后一步是将连接删除，如果不删除数据连接，导入到 Excel 中的数据仍然与网站的数据保持连接关系，如果网站中的数据改变，Excel 中对应的数据在刷新后也会改变。

7.2.3　直接复制网页数据到 Excel 表格中

导入网站数据的方法比较适合网页中存在表格结构,且表格数据较多的情况。但不是所有的网页数据呈现方式都是以 Excel 可以识别的表格结构呈现。而且部分网页中即使可以识别到可导入的表格区域，但是其结构也不会像我们想象中的那样只导入需要的内容。如图 7-16 所示的效果。

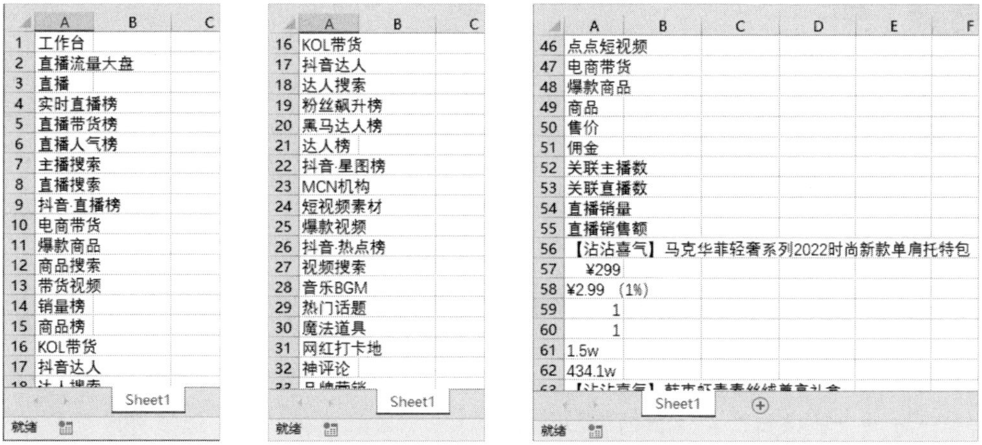

图 7-16　导入多余的网站数据

上图是通过导入网页数据的方式导入表格数据，在这个识别到的导入表格区域中，包含了网页左侧的导航窗格内容，而我们需要导入的搜索结果数据是从第49行开始的。

因此，若网页中没有可识别的表格区域，或者网页中的数据较少时，用户可以直接通过复制粘贴操作完成网页数据的获取。

下面通过一个实例讲解具体的操作。

实例分析

从数据平台快速采集爆款商品数据

新建一个空白工作簿，在网站中选择需要采集的数据，在选择区域内的空白位置右击，在弹出的快捷菜单中选择"复制"命令（或者直接按【Ctrl+C】组合键执行复制操作），如图7-17所示。

图7-17　复制需要采集的网页数据

切换到工作簿，选择A1单元格，在"开始"选项卡"剪贴板"组中单击"粘贴"按钮下方的下拉按钮，在弹出的下拉菜单中选择"匹配目标格式"选项将网页数据粘贴到工作表中，完成数据的采集，如图7-18左所示。

也可以直接选择 A1 单元格后，按【Ctrl+V】组合键执行粘贴操作将采集的数据粘贴到工作表中，最后单击粘贴内容右下角的粘贴选项按钮，在弹出的菜单中选择"匹配目标格式"选项完成整个操作，如图 7-18 右所示。

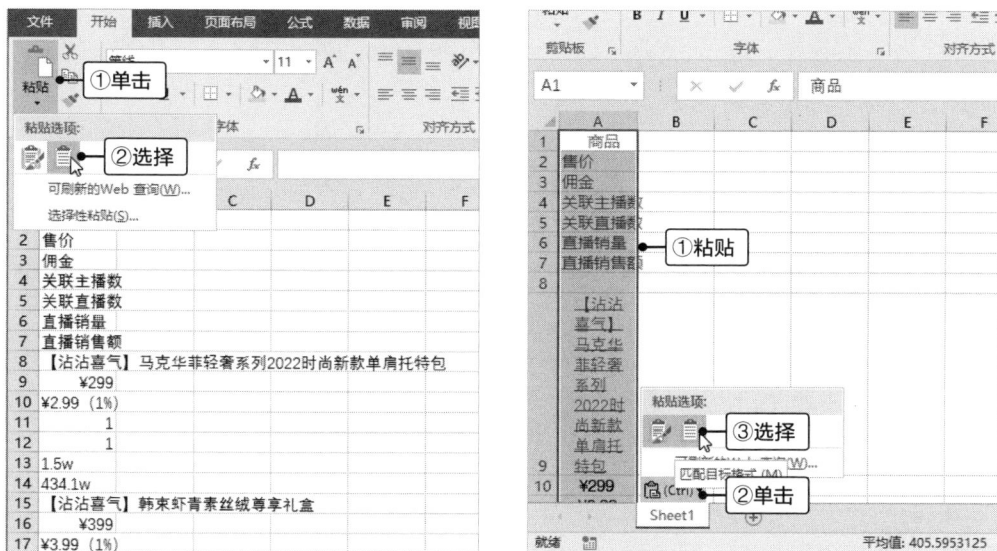

图 7-18　粘贴采集的网页数据

7.3　网络数据资料的整理

对于从网络中获得的数据源，一般都是初级资料，尤其对于通过导入或者手动复制的资料，更是不能直接进行数据分析和处理，还需要对数据源进行清洗加工操作，确保数据表结构、表格数据的规范，从而确保获得的网络数据能够用 Excel 工具对其进行分析处理。

7.3.1　优化表格结构

从图 7-18 得到的数据结果可以看到，网页表格中的每个数据都成为一个单独的数据在 A 列中显示，这显然不符合实际的数据使用需求。要将该数据源整理为常规的二维表格结构，需要经历两个步骤，一是将所有数据记录整理在一起，二是调整表格的表头和记录位置。

（1）将所有数据记录整理在一起

通过分析采集的数据可以发现，前面 7 行数据为表头数据，从第 8 行开始，每 7 行为一条数据记录。将所有数据记录整理在一起即是从第 8 行开始，每 7 行数据依次整理到 A 列右侧。

对于数据记录数量比较少的，可以选择每条数据记录对应的值，将其粘贴到 A 列右侧，如图 7-19 所示。

图 7-19　利用复制粘贴功能整理数据

如果数据记录比较多，逐个复制粘贴容易出错，此时可以借助 OFFSET() 函数智能自动提取。首先来了解一下 OFFSET() 函数的用法。

在 Excel 中，如果要以某个单元格为参照，引用与之距离指定行列数的单元格或单元格区域，则需要使用 OFFSET() 函数来完成，其语法格式如下：

$$OFFSET(reference,rows,cols,height,width)$$

从函数的语法格式可以看出，OFFSET() 函数包含 5 个参数，各参数的具体含义分别如下：

◆ **reference**：用于指定作为偏移量参照系的单元格引用或者单元格区域，若该参数不是单元格或者单元格区域的引用，则 OFFSET() 函数将返回 #VALUE! 错误值。

◆ rows：用于指定相对于偏移量参照系的左上角单元格（如果 reference 参数
为某个单元格引用，则指单元格本身），上、下偏移的行数，行数为正数代
表在起始引用的下方，为负数代表在起始引用的上方。

◆ cols：用于指定相对于偏移量参照系的左上角单元格（如果 reference 参数为
某个单元格引用，则指单元格本身），左、右偏移的列数，列数为正数代表
在起始引用的右边，为负数代表在起始引用的左边。

◆ height：该参数为可选参数，表示所要返回的引用区域的行数，该参数必须
为正数。

◆ width：该参数为可选参数，表示所要返回的引用区域的列数，该参数必须为
正数。

下面通过实例具体演示如何利用 OFFSET() 函数整理采集的网络数据。在整
理数据之前，首先来梳理一下整理的流程。

①从前面采集的数据可以看到，采集表格的表头有 7 个，具体存储到 A1:A7
单元格区域中，从 A8 单元格开始，每间隔 7 个单元格即为下一条记录的第一个数
据，这里为了方便整理，现在需要手动添加一个辅助行，用于定位每条记录的间
隔位置。

②确定好了每条记录首个数据的参考位置后，就可以使用 OFFSET() 函数编
写公式来引用单元格数据。

③由于所有的数据引用方法相似，这里直接复制公式即可快速完成其他数据
的引用。

④引用完数据后，就需要将垂直排列的原数据记录删除，但是为了确保删除
原数据后，整理的数据记录不出错，需要先将引用的数据转化为值，即取消公式
引用，再删除原数据记录。

下面具体演示整理过程。

实例分析

将采集的网络数据记录全部整理到表头的右侧

选择第 1 行单元格，在行号上右击，在弹出的快捷菜单中选择"插入"选项卡即

可快速在顶部插入一行空行，如图 7-20 所示。

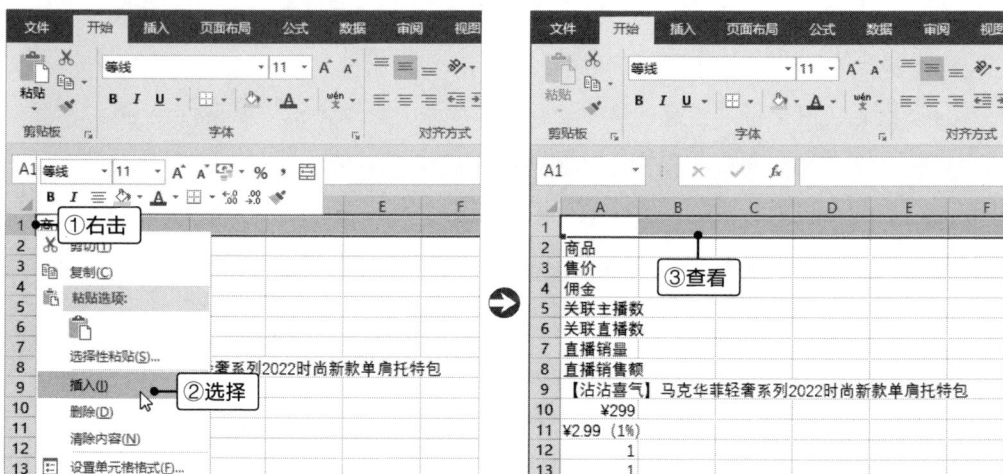

图 7-20　在顶部插入空行

在 B1 单元格中输入数字"7"后按【Ctrl+Enter】组合键确认输入并选择该单元格，单击"开始"选项卡"编辑"组中的"填充"下拉按钮，在弹出的下拉列表中选择"序列"命令，如图 7-21 所示。

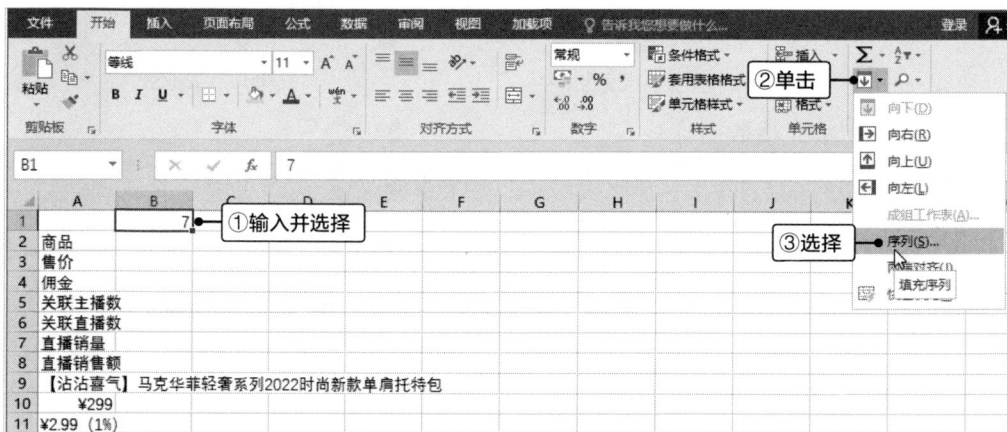

图 7-21　执行"序列"命令

在打开的"序列"对话框中保持"序列产生在"栏中的"行"单选按钮的选中状态，表示在行方向上填充等差序列数据。在"步长值"文本框中输入"7"，表示添加的序列数据为间隔 7 的等差序列数据。因为有 20 条数据记录，因此这里在"终止值"文本框中输入"140"（即采集的最后一条数据记录的首个数据在第 140 行），单击"确定"按钮,如 7-22 左图所示。程序自动关闭对话框并在首行间隔数字 7 填充等差序列数据,如 7-22 右图所示。

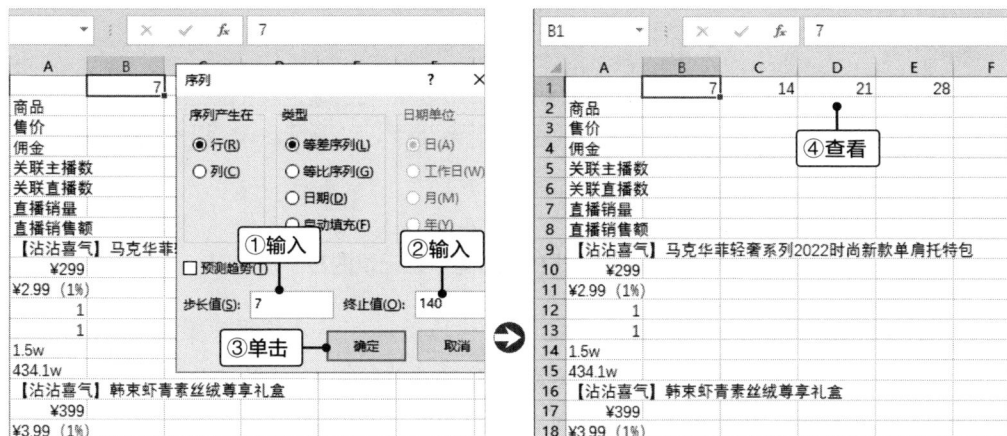

图 7-22　在辅助行填充 20 个间隔 7 的等差序列数据

选择 B2 单元格,在编辑栏中输入"=OFFSET($A2,B$1,,,)"计算公式,按【 Ctrl+Enter 】组合键确认输入的公式并计算结果,此时即可查看到程序将 A9 单元格的值引用到 B2 单元格中,如图 7-23 所示。

图 7-23　引用第一条记录的首个值

选择 B2 单元格,将鼠标光标移动到单元格右下角的控制柄上,此时鼠标光标变为╋形状,按下鼠标左键不放,拖动鼠标光标至 U2 单元格完成所有记录的首个数据的获取,如图 7-24 所示。

图 7-24　复制公式获取所有数据记录的首个值

保持 B2:U2 单元格区域的选中状态，继续拖动选择单元格区域最右侧单元格的控制柄到 U8 单元格，释放鼠标左键完成所有记录其他值的引用，如图 7-25 所示。至此完成了 A 列采集数据记录全部整理到 A 列字段右侧的操作。

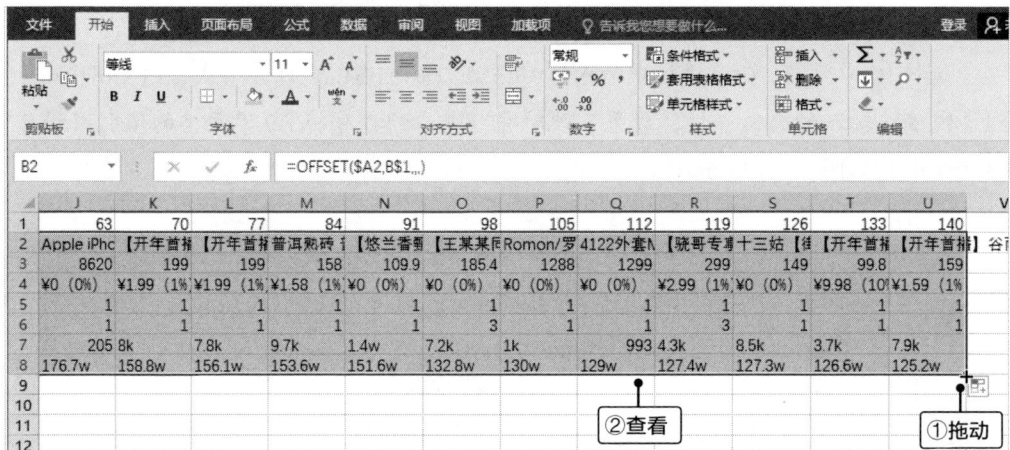

图 7-25　复制公式获取所有记录的其他值

保持 B2:U8 单元格区域的选中状态，直接按【Ctrl+C】组合键执行复制操作，单击"开始"选项卡"剪贴板"组中的"粘贴"按钮下方的下拉按钮，在弹出的下拉菜单中选择"粘贴数值"栏中的"值"命令，如图 7-26 所示。（也可以执行复制命令后，直接在复制的单元格区域中右击，在弹出的快捷菜单中的"粘贴选项"栏中选择"值"命令。）

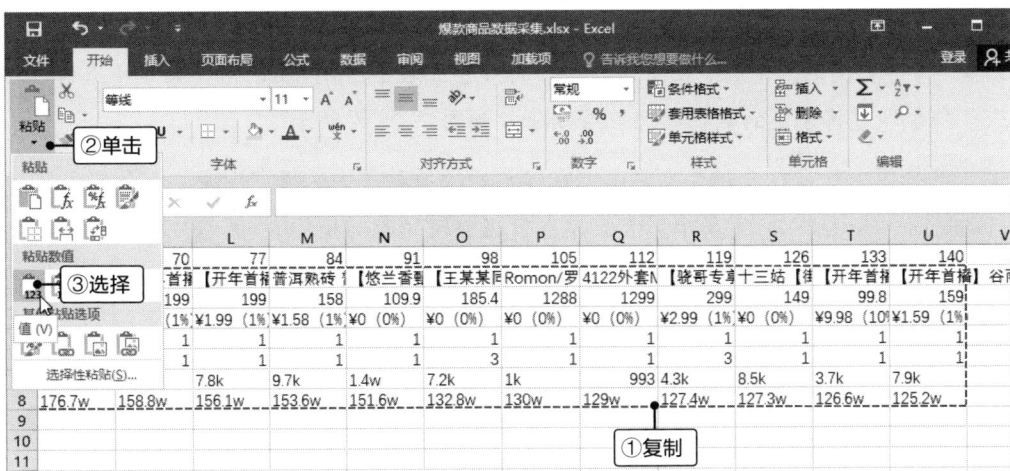

图 7-26　复制引用的数据

程序自动将所有选择的以公式获取的数据记录全部转化为值，从编辑栏中即可查看到公式已经转化为对应的常量值了，如图 7-27 所示。

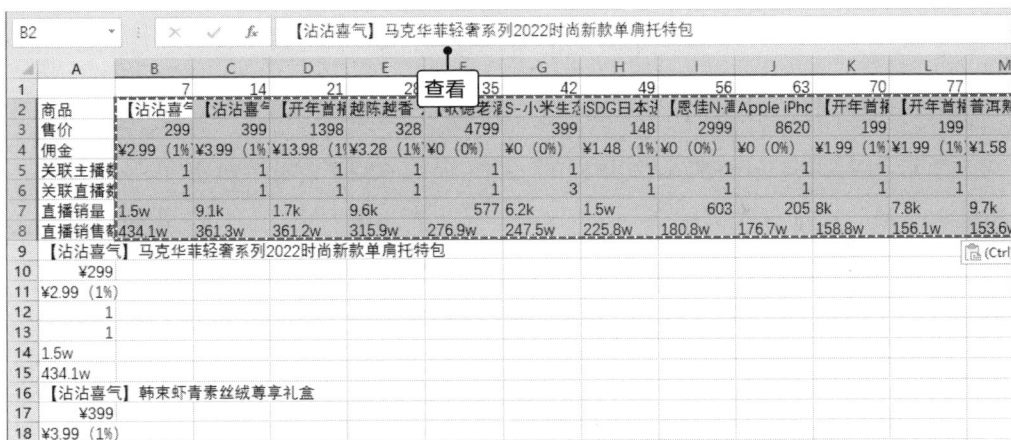

图 7-27　将引用数据转化为常量值

TIPS　相似数据的计算技巧

在本例中是通过拖动控制柄完成数据的引用。除此之外，用户还可以先选择所有结果单元格区域，在编辑栏中输入获取第一条记录首个值的计算公式，然后直接按【Ctrl+Enter】组合键即可完成所有数据的引用。

选择第 9 行单元格，按住【Shift】键不放，选择第 148 行记录，程序自动选择第 9～148 之间的所有行，在任意选择行的行号上右击，在弹出的快捷菜单中选择"删除"命令即可将采集的数据的原记录删除，如图 7-28 左所示。

选择第 1 行，在其行号上右击，在弹出的快捷菜单中选择"删除"命令完成辅助行的删除，如图 7-28 右所示。至此完成数据整理的所有操作。

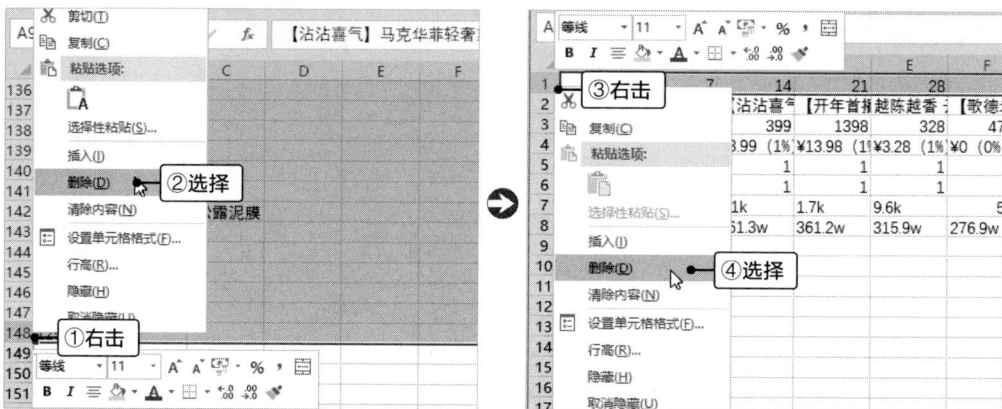

图 7-28　删除多余的行

【本例使用公式说明】

在本例的 "=OFFSET($A2,B$1,,,)" 公式中，"$A2" 表示基准参照单元格，该参数的单元格地址中列标有一个 "$" 符号，表示绝对引用，即公式被复制到其他位置后，始终指向 A 列的某个单元格，即要返回的数据始终在 A 列中；"B$1" 用于指定要偏移的行数，这里引用 B1 单元格的数据，即辅助行的第一个数据，该参数的行号前有一个 "$" 符号，当公式被复制到其他位置后，始终指向第一行的某个单元格，即行数的偏移量始终在辅助列中获取。

当前这个公式的具体含义表示：以 A2 单元格为基准参照单元格，向下偏移 7 个单位的值为公式的返回结果，即函数返回 A9 单元格的值。

（2）使用转置功能调整表格行列并调整表格数据的显示

一般情况下，我们习惯将表头设计在顶部，在各行依次记录所有的数据记录，因此，为了让采集的数据更符合实际的使用习惯，这里需要将行列数据的位置进行对换。

　　在 Excel 中，要实现这个目的，直接使用程序提供的转置功能即可快速完成。例如要将前面整理好的采集数据的行列位置进行对换。

　　对于转置后的表格，程序按默认的字段列宽进行显示，对于数据较多的单元格，其中的数据就会显示不完整，此时还需要对其列宽进行调整。

　　下面以转置并调整好网络数据为例讲解相关操作，其具体的操作如下。

实例分析

将整理好的网络数据的行列进行对换

　　在工作表中选择 A1:U7 单元格区域，直接按【Ctrl+C】组合键执行复制操作，选择 A8 单元格，单击"开始"选项卡"剪贴板"组中的"粘贴"按钮下方的下拉按钮，在弹出的下拉菜单中选择"粘贴"栏中的"转置"命令，如图 7-29 所示。此时即可查看到程序自动将 A 列的字段名称转换到第 8 行从左到右排列，并且 A 列右侧的 20 条数据记录也自动对应转换到第 8 行相应字段名称下方。

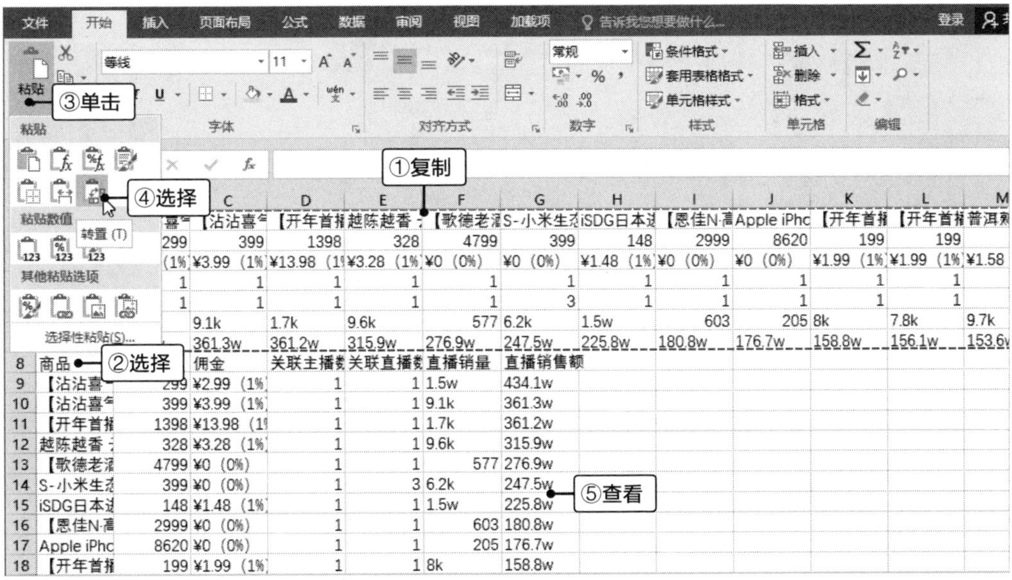

图 7-29　转置表格

　　删除第 1 ~ 7 行单元格，选择 A ~ G 列单元格，在"开始"选项卡"单元格"组中单击"格式"下拉按钮，在弹出的下拉列表中选择"自动调整列宽"命令，如图 7-30 所示。

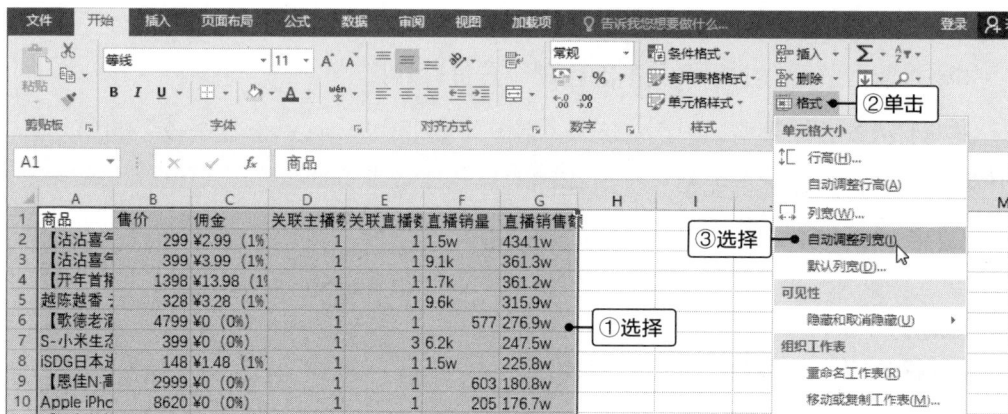

图 7-30　执行"自动调整列宽"命令

程序根据每列数据中的最长数据自动调整各列的列宽，从而确保所有数据都能正常显示，其最终效果如图 7-31 所示。

图 7-31　自动调整列宽后的表格效果

7.3.2　规范数据的表达方式

从网络上采集的短视频数据，几乎都是以文本格式进行显示，这些格式都不符合数据表的存储规范，比如图 7-31 中的售价数据是以数字的形式显示，而规范的格式应为会计格式或者货币格式。

这些数据的格式都比较好统一，直接选择要调整的数据列，单击"开始"选项卡"数字"组中的数字格式下拉列表框右侧的下拉按钮，在弹出的下拉列表中即可查看到程序内置的各种数据类型格式，直接选择需要的格式选项，如这里选择"会计专用"选项，程序自动将售价数据以内置的会计专用格式进行显示，如图 7-32 所示。

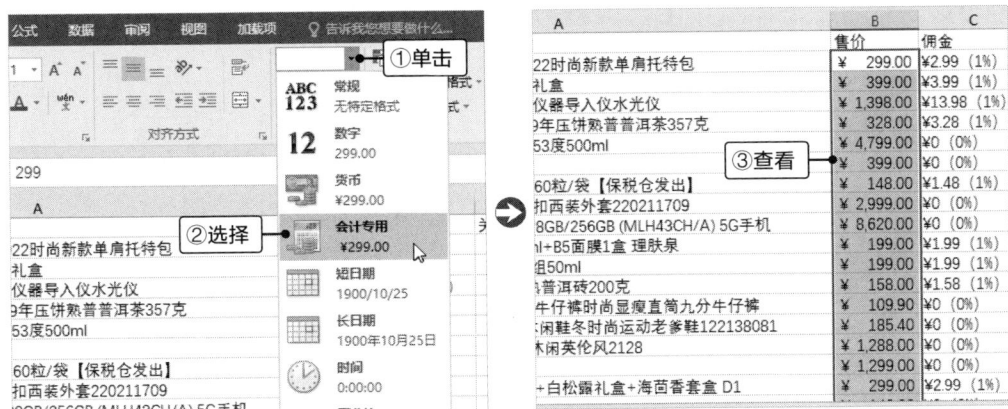

图 7-32　快速更改数据的类型

但是有些数据，则不是通过简单的修改数据类型就可以将其调整规范的，如图 7-33 所示的视频数据概览分析表。

图 7-33　视频数据概览分析表

从图中可以看到，数量不超过千的数据，都是显示的数值，而上千的数据末尾为"k"，上万的数据末尾为"w"。有这两个字母的数据都是文本数据，在这个表格中，如果要进行统计分析，文本数据是不能参与的。

要调整这种表格，使其数据能够规范显示，可以通过编写公式进行处理。其中会涉及 RIGHT()、VALUE()、REPLACE()、LEN() 和 IF() 函数。

下面首先对这几个函数的具体用法进行简单了解。

（1）RIGHT() 函数介绍

使用 RIGHT() 函数可以获取文本数据右边指定位置的字符，其语法格式如下。

RIGHT(text,num_chars)

从函数的语法格式可以看出，RIGHT() 函数包含 2 个参数，各参数的具体含义分别如下。

◆ text：用于指定包含提取字符的字符串。

◆ num_chars：用于指定截取 text 参数中的后几个字符，该参数值必须为大于等于 0 的整数。如果返回最后一个字符，则省略 num_chars 参数。如果 num_chars 参数大于 text 参数的总长度，将返回整个 text。

（2）VALUE() 函数介绍

使用 VALUE() 函数可以将文本类型的数字字符串转换成数值，该函数的语法结构如下。

VALUE(text)

从语法结构中可以看出，VALUE() 函数只有一个参数 text，该参数用于指定需要转换成数值格式的文本，text 参数既可以用双引号直接引用文本，也可以引用单元格中的文本。

在使用该函数时，需要注意以下两点。

◆ 在使用 VALUE() 函数转换文本数据时，text 参数必须为数字类型的文本数据，如果为非数字类型的文本数据，使用该函数转化数据后，结果将出现 #VALUE! 错误。

◆ 默认情况下，在单元格中是不能输入以"0"开头的数字数据，只有将单元格的格式设置为文本格式才能输入以"0"开头的数字数据，当使用 VLAUE() 函数将这类数据转换为数值数据的时候，系统将自动去掉前面的"0"。

（3）REPLACE() 函数介绍

使用 REPLACE() 函数可以用指定字符数的文本字符串替换某文本字符串中的部分文本，其语法结构如下。

REPLACE(old_text,start_num,num_chars,new_text)

从语法结构可以看出，REPLACE() 函数包含 4 个参数，各参数的具体含义分别如下。

- ◆ **old_text：** 用于指定需要被替换的文本数据中的部分字符文本。
- ◆ **start_num：** 用于指定需要替换的字符的起始位置。
- ◆ **num_chars：** 用于指定使用 new_text 替换 old_text 中字符的个数。
- ◆ **new_text：** 表示最后要替换成的文本，其字符长度可以和 old_text 参数指定的字符长度相同，也可以不相同。

（4）LEN() 函数介绍

使用 LEN() 函数可以获取指定字符串的字符总长度，其语法格式如下。

LEN(text)

从函数的语法格式可以看出，LEN() 函数仅有一个必选的 text 参数，表示要获取其长度的文本，也可以返回文本的表达式或单元格引用。

需要注意的是，如果指定的字符串中包含空格，则空格也被视作一个字符，LEN() 函数也会统计，例如运行 "=LEN(" 短视频 数据 ")" 公式后，函数的返回值为 6，而不是 5。

（5）IF() 函数介绍

使用 IF() 函数可以根据条件判断真假值，并根据逻辑计算的真假值返回不同结果，其语法格式如下。

IF(logical_test,value_if_true,value_if_false)

从函数的语法结构中可以看出，IF() 函数包含 3 个参数，各参数的具体含义分别如下：

◆ logical_test：表示计算结果为 TRUE 或者 FALSE 的任意值或表达式，即判断条件。

◆ value_if_true：用于指定当设置的 logical_test 条件成立返回 TRUE 值时要回的值。

◆ value_if_false：用于指定当设置的 logical_test 条件不成立返回 FALSE 值时要返回的值。

为了简化理解，可以将 IF() 函数的语法结构简化为"IF（条件，真值，假值）"，它表示当"条件"成立时，结果取"真值"，否则取"假值"。

虽然 IF() 函数只有 3 个参数，但可以进行嵌套，从而实现多种情况的判断与选择。

所谓嵌套函数指将函数作为另一个函数的参数使用，通过如图 7-34 所示的结构示意图可以帮助用户理解嵌套函数。

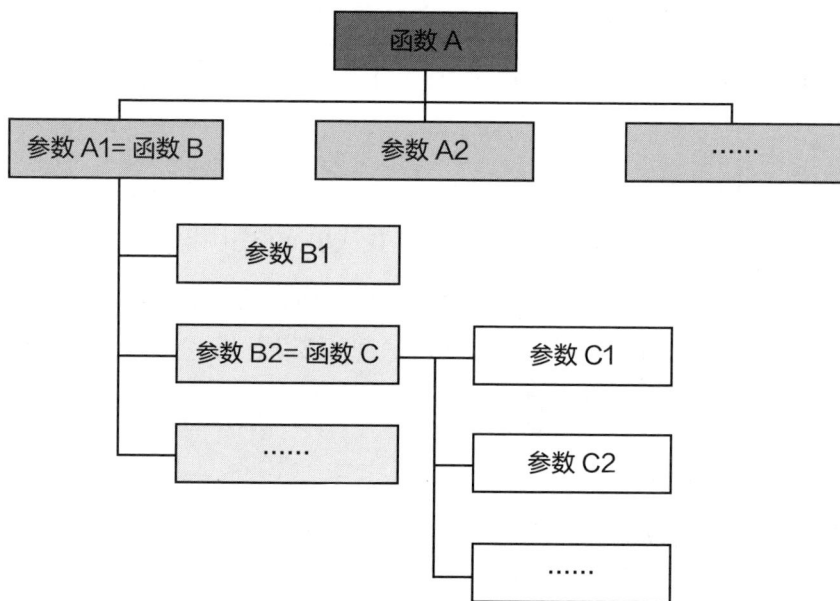

图 7-34　嵌套结构示意图

TIPS | *嵌套函数的注意事项*

　　在嵌套函数中，作为参数的函数，其函数返回的类型必须与参数的类型相同，即图示中函数 B 的函数返回值的类型必须与函数 A 中参数 A1、A2 的数据类型相同，否则 Excel 将显示 #VALUE! 错误。

　　了解了各函数的基本作用和用法后，现在具体演示如何通过这几个函数快速统一视频数据概览分析表格中的各数据。

　　在这之前首先梳理一下解决思路。

　　由于在视频数据概览分析表格中，上万的数据和上千的数据是文本数据，需要分别处理，其具体处理思路是：

　　①判断数据是否以"w"结尾，如果是，则将"w"字符替换为空值得到文本类型的数字数据，将其转为数值后再将数据乘以 10 000，从而完成将文本表示的上万数据转化为数值。

　　②如果判断数据不是以"w"结尾，则判断数据是否以"k"结尾，如果是，则将"k"字符替换为空值得到文本类型的数字数据，将其转为数值后再将数据乘以 1 000，从而完成将文本表示的上千数据转化为数值。

　　③如果判断数据不是以"k"结尾，则数据是正常显示的数值数据，则将其原样输出。

　　从以上的处理思路可以很明显地看到，这里需要进行多种情况的判断，需要使用 IF() 函数的嵌套结构。

　　下面介绍具体的解决过程。

实例分析

规范调整视频数据概览分析表中的数值数据

　　在数据表格右侧选择任意空白单元格，这里选择 J2 单元格，然后在编辑栏中输入"=IF(RIGHT(B2)="w",VALUE(REPLACE(B2,LEN(B2),1,""))*10000,IF(RIGHT(B2)="k",VALUE(REPLACE(B2,LEN(B2),1,""))*1000,B2))"计算公式，按【Ctrl+Enter】组合键完成第一个视频播放数的转换，该数据转换前显示的是"13.6w"，该显示是一个文本数据，表示"十三万六千",转换后的显示效果为"136 000",同时数据类型也更改为了数值型,如图7-35所示。

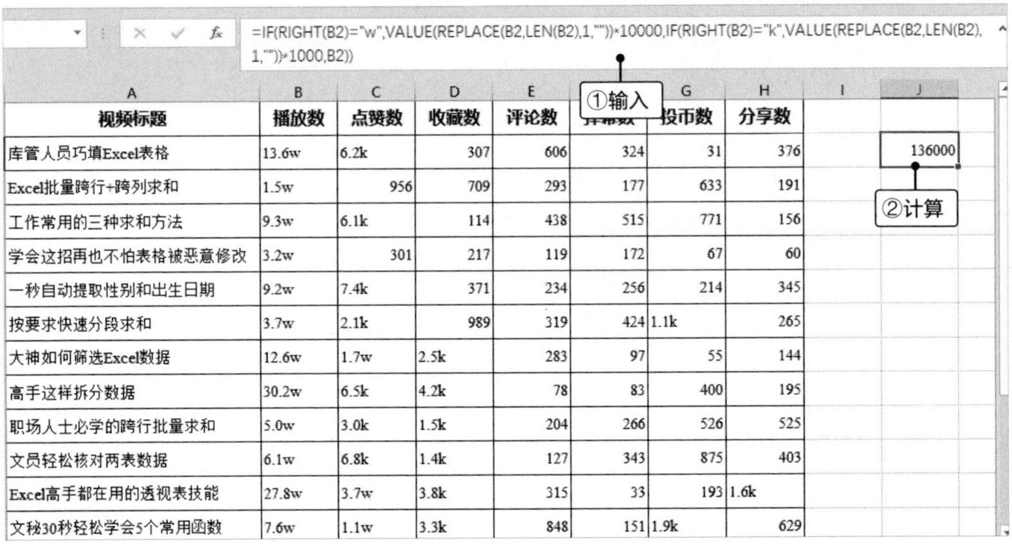

| | | fx | =IF(RIGHT(B2)="w",VALUE(REPLACE(B2,LEN(B2),1,""))*10000,IF(RIGHT(B2)="k",VALUE(REPLACE(B2,LEN(B2),1,""))*1000,B2)) | | | | | | | | |

①输入

A 视频标题	B 播放数	C 点赞数	D 收藏数	E 评论数	弹幕数	G 投币数	H 分享数	I	J
库管人员巧填Excel表格	13.6w	6.2k	307	606	324	31	376		136000
Excel批量跨行+跨列求和	1.5w	956	709	293	177	633	191		
工作常用的三种求和方法	9.3w	6.1k	114	438	515	771	156		
学会这招再也不怕表格被恶意修改	3.2w	301	217	119	172	67	60		
一秒自动提取性别和出生日期	9.2w	7.4k	371	234	256	214	345		
按要求快速分段求和	3.7w	2.1k	989	319	424	1.1k	265		
大神如何筛选Excel数据	12.6w	1.7w	2.5k	283	97	55	144		
高手这样拆分数据	30.2w	6.5k	4.2k	78	83	400	195		
职场人士必学的跨行批量求和	5.0w	3.0k	1.5k	204	266	526	525		
文员轻松核对两表数据	6.1w	6.8k	1.4k	127	343	875	403		
Excel高手都在用的透视表技能	27.8w	3.7w	3.8k	315	33	193	1.6k		
文秘30秒轻松学会5个常用函数	7.6w	1.1w	3.3k	848	151	1.9k	629		

②计算

图7-35 转换第一个视频的播放数

拖动J2单元格的控制柄到P2单元格,再向下拖动到P15单元格完成所有视频各统计数据的转换,如图7-36所示。

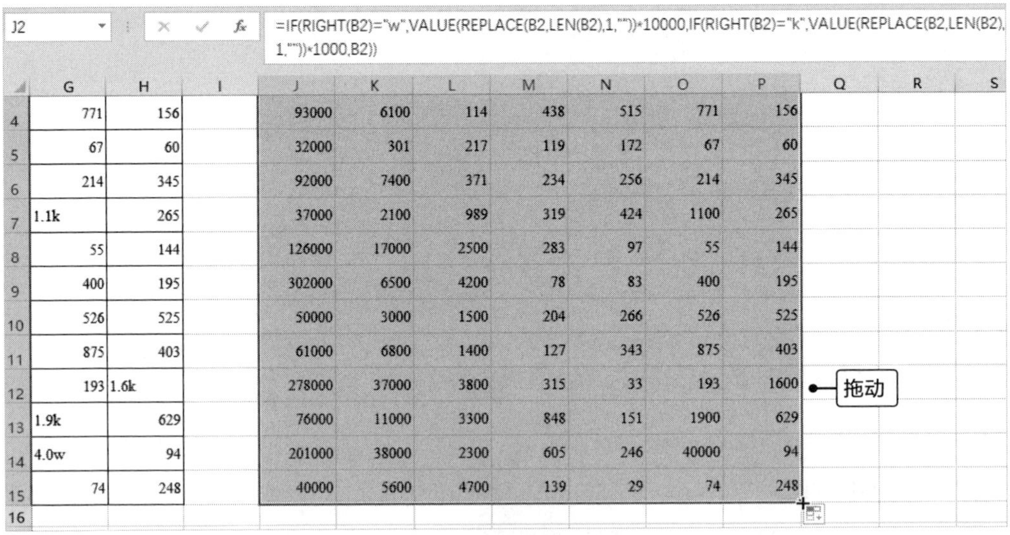

| J2 | | fx | =IF(RIGHT(B2)="w",VALUE(REPLACE(B2,LEN(B2),1,""))*10000,IF(RIGHT(B2)="k",VALUE(REPLACE(B2,LEN(B2),1,""))*1000,B2)) | | | | | | | |

	G	H	I	J	K	L	M	N	O	P	Q	R	S
4	771	156		93000	6100	114	438	515	771	156			
5	67	60		32000	301	217	119	172	67	60			
6	214	345		92000	7400	371	234	256	214	345			
7	1.1k	265		37000	2100	989	319	424	1100	265			
8	55	144		126000	17000	2500	283	97	55	144			
9	400	195		302000	6500	4200	78	83	400	195			
10	526	525		50000	3000	1500	204	266	526	525			
11	875	403		61000	6800	1400	127	343	875	403			
12	193	1.6k		278000	37000	3800	315	33	193	1600			
13	1.9k	629		76000	11000	3300	848	151	1900	629			
14	4.0w	94		201000	38000	2300	605	246	40000	94			
15	74	248		40000	5600	4700	139	29	74	248			
16													

拖动

图7-36 复制公式转换其他数据

选择转换的所有数据，按【Ctrl+C】组合键执行复制操作，选择 B2 单元格，以粘贴值的方式将复制的转换数据粘贴到 B2:H15 单元格区域中，删除表格右侧的转换数据完成整个操作，其最终的转换效果如图 7-37 所示。

	A	B	C	D	E	F	G	H	I	J
1	视频标题	播放数	点赞数	收藏数	评论数	弹幕数	投币数	分享数		
2	库管人员巧填Excel表格	136000	6200	307	606	324	31	376		
3	Excel批量跨行+跨列求和	15000	956	709	293	177	633	191		
4	工作常用的三种求和方法	93000	6100	114	438	515	771	156	查看	
5	学会这招再也不怕表格被恶意修改	32000	301	217	119	172	67	60		
6	一秒自动提取性别和出生日期	92000	7400	371	234	256	214	345		
7	按要求快速分段求和	37000	2100	989	319	424	1100	265		
8	大神如何筛选Excel数据	126000	17000	2500	283	97	55	144		
9	高手这样拆分数据	302000	6500	4200	78	83	400	195		
10	职场人士必学的跨行批量求和	50000	3000	1500	204	266	526	525		
11	文员轻松核对两表数据	61000	6800	1400	127	343	875	403		
12	Excel高手都在用的透视表技能	278000	37000	3800	315	33	193	1600		
13	文秘30秒轻松学会5个常用函数	76000	11000	3300	848	151	1900	629		
14	文员必会的提取信息技巧	201000	38000	2300	605	246	40000	94		
15	常用的20个函数，高手都在收藏	40000	5600	4700	139	29	74	248		

图 7-37　最终转换效果

【本例使用公式说明】

在本例的 "=IF(RIGHT(B2)="w",VALUE(REPLACE(B2,LEN(B2),1,""))*10000, IF(RIGHT(B2)="k",VALUE(REPLACE(B2,LEN(B2),1,""))*1000,B2))" 公式中，为了帮助理解，可以将其转化为以下结构：

=IF(数据是否以 "w" 结尾 , 将以文本表示上万的数据转化为数值 ,IF(数据是否以 "k" 结尾 , 将以文本表示上千的数据转化为数值 , 原样输出数据))

以上结构还可以继续简化为以下通俗的结构：

=IF(条件判断 1, 条件成立输出结果 1,IF(条件判断 2, 条件成立输出结果 2, 两个条件都不成立输出结果 3))

在整个计算公式中，条件判断都是用 RIGHT() 函数判断单元格的右侧第一个值是否为 "w" 或者 "k"，而公式的最核心部分则是转化处理，下面以 "VALUE (REPLACE(B2,LEN(B2),1,""))*10 000" 部分为例进行解析。

为了简化理解，下面将具体的执行过程以流程图的方式进行分步展示，具体如图 7-38 所示。

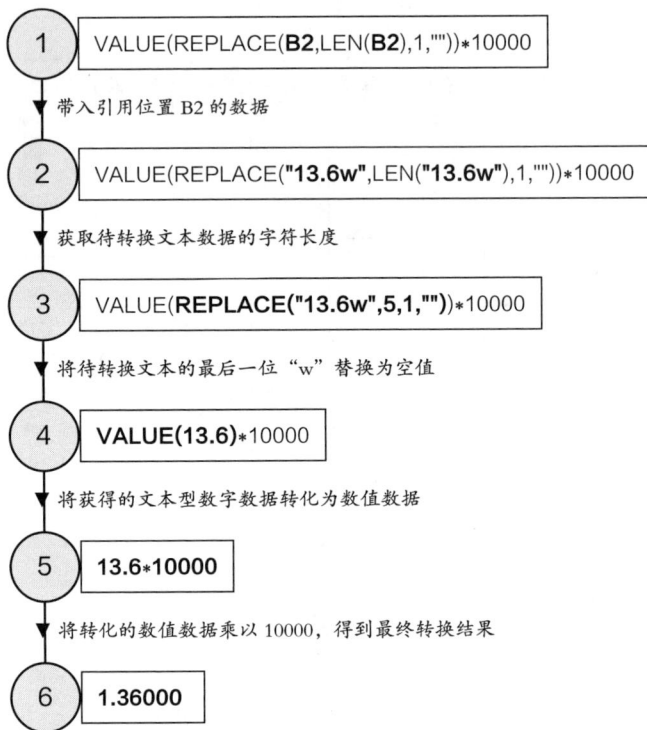

图 7-38　转化数据的具体过程示意图

7.4　数据可视化表达轻松搞定

俗话说：文不如表，表不如图。对于数据分析结果，能以图的方式呈现，最好用图形的方式展示，这样可以让数据分析结果使用者更清晰、直观地查看数据分析结果。

数据的可视化不单指用 Excel 数据图表来完成，所有将数据用图形化表达的都是可视化操作，如条件格式功能、迷你图功能等，下面介绍几种常见的 Excel 数据可视化表达的方法供读者学习。

7.4.1　自定义图标集直观展示数据的增减变化

在进行用户分析时，粉丝的净增关注人数，可能为正，也可能为负，但是在表格中这种正负变化表现得不直观。此时可以借助 Excel 条件格式功能中的图标集，通过图标集的箭头指向可以非常直观地将增量、减量和维持不变效果清晰地展示出来。

下面通过具体的实例讲解相关的操作方法。

实例分析

用箭头直观展示粉丝净增关注人数

选择 D2:D31 单元格区域，在"开始"选项卡"样式"组中单击"条件格式"下拉按钮，在弹出的下拉菜单中选择"图标集"命令，在其子菜单中选择"其他规则"命令，如图 7-39 所示。

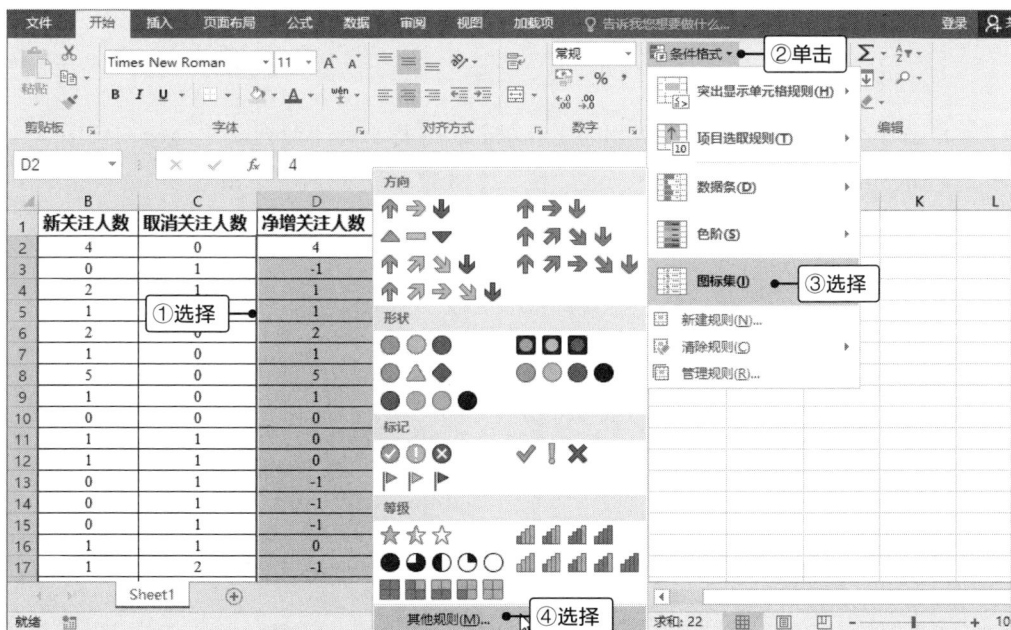

图 7-39　执行"其他规则"命令

在打开的"新建格式规则"对话框中单击"图标样式"下拉按钮，在弹出的下拉列表中选择"三向箭头（彩色）"选项，如图 7-40 所示。

单击向上箭头对应的"当值是"下拉列表框右侧的下拉按钮，在弹出的下拉列表中选择">"选项完成比较运算符的设置，如图7-41所示。

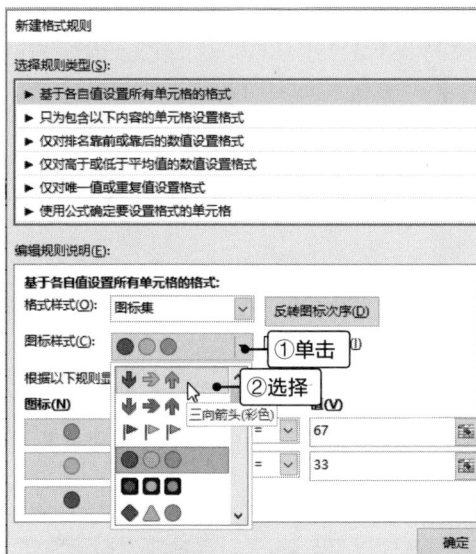

图7-40　选择图标样式

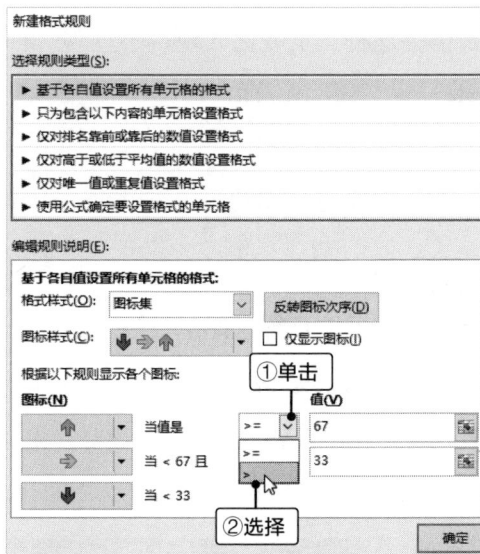

图7-41　设置比较运算符

单击"类型"下拉列表框右侧的下拉按钮，在弹出的下拉列表中选择"数字"选项设置向上箭头的规则，程序自动在"值"参数框中输入"0"，如图7-42所示。

将水平向右的箭头的"类型"设置为"数字"，程序自动在对应的"值"参数框中输入"0，完成规则的设置，单击"确定"按钮，如图7-43所示。

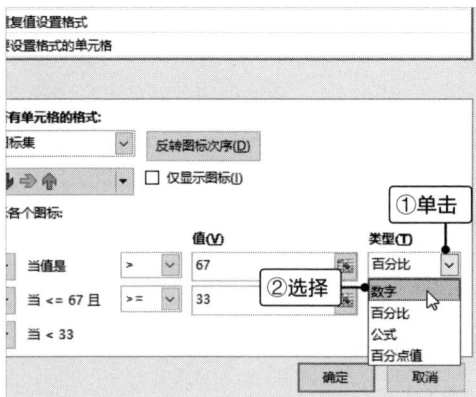

图7-42　设置值类型

图7-43　完成图标集规则设置

在返回的工作表中即可查看到，程序自动应用设置的图标集条件格式规则，将粉丝净增关注数为正数的数据用向上的绿色箭头标识，将粉丝净增关注数为 0 的数据用向右的黄色箭头标识，将粉丝净增关注数为负数的数据用向下的红色箭头标识，其效果如图 7-44 所示。

	A	B	C	D	E	F	G
1	时间	新关注人数	取消关注人数	净增关注人数	累积关注人数		
2	2022/2/10	4	0	⇧ 4	2345		
3	2022/2/9	0	1	⇩ -1	2341		
4	2022/2/8	2	1	⇧ 1	2342		
5	2022/2/7	1	0	⇧ 1	2341		
6	2022/2/6	2	0	⇧ 2	2340		
7	2022/2/5	1	0	⇧ 1	38		
8	2022/2/4	5	0	⇧ 5	37		
9	2022/2/3	1	0	⇧ 1	2332		
10	2022/2/2	0	0	⇨ 0	2331		
11	2022/2/1	1	1	⇨ 0	2331		
12	2022/1/31	1	1	⇨ 0	2331		
13	2022/1/30	0	1	⇩ -1	2331		
14	2022/1/29	0	1	⇩ -1	2332		
15	2022/1/28	0	1	⇩ -1	2333		
16	2022/1/27	1	1	⇨ 0	2334		
17	2022/1/26	1	2	⇩ -1	2334		
18	2022/1/25	4	1	⇧ 3	2335		
19	2022/1/24	2	1	⇧ 1	2332		
20	2022/1/23	3	2	⇧ 1	2331		
21	2022/1/22	0	1	⇩ -1	2330		

图 7-44　查看最终设置效果

7.4.2　组合图表的应用

数据大小的对比是短视频数据分析中常用的一种分析方式，形式有粉丝活跃度分布柱形图、视频作品评论数分析柱形图等，这些图表的主要作用是比较大小，但有时候需要在比较大小的同时查看这些数据变化的走向，而对于数据变化趋势的分析是用折线图来表达的。

在 Excel 中，通过系统提供的组合图表可以在一个图表中同时展示两种图表类型，从而让运营者既可以对比数据大小，又可以查阅数据的变化趋势。

下面通过具体的实例讲解相关的操作方法。

实例分析

制作短视频播放增量分析图表

选择 A1:B31 单元格区域，单击"插入"选项卡，在"图表"组中单击"插入柱形图或条形图"下拉按钮，在弹出的下拉列表中选择"簇状柱形图"选项创建一个簇状柱形图图表，如图 7-45 所示。

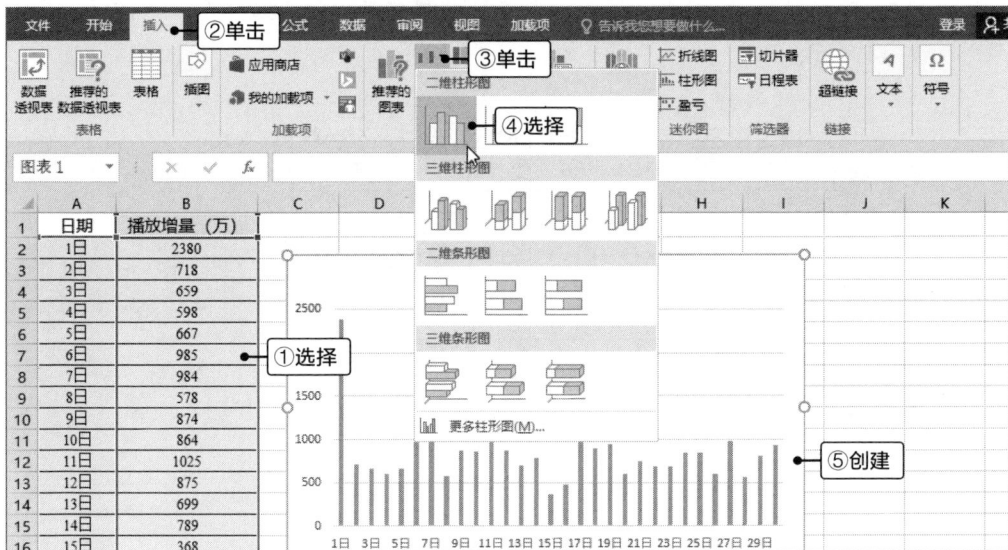

图 7-45　根据数据源创建图表

保持图表的选择状态，单击"图表工具 格式"选项卡，在"大小"组中的"高度"和"宽度"数值框中分别输入 12 厘米和 27 厘米精确调整图表大小，如图 7-46 所示。

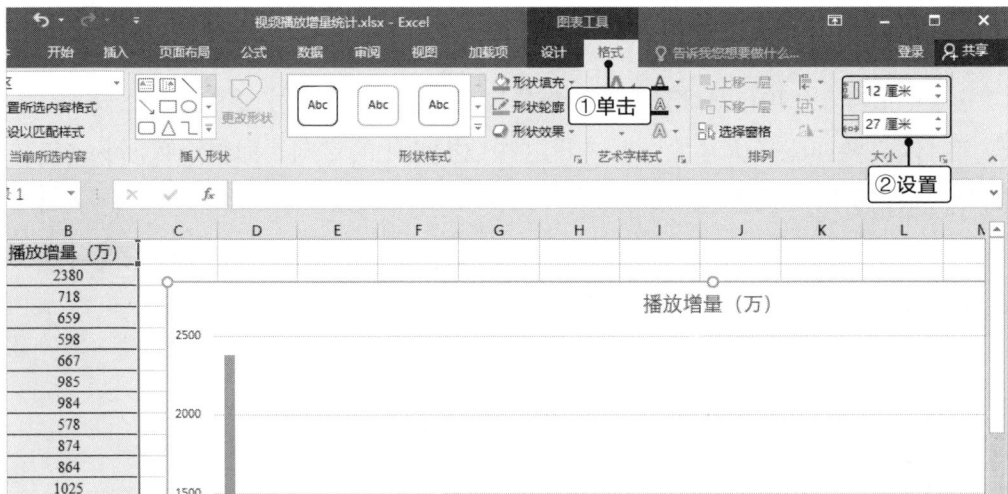

图 7-46　精确调整图表大小

选择程序默认为图表添加的图表标题文本，按【Delete】键将默认文本删除，重新输入"视频 6 月上架的播放增量分析"文本完成图表标题的修改操作，如图 7-47 所示。

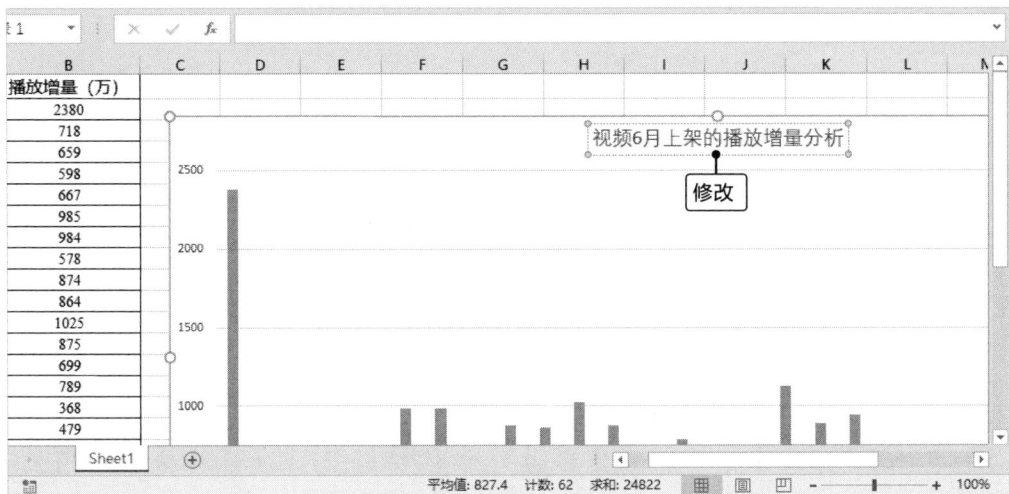

图 7-47　修改图表标题

单击图表右上角的"图表元素"按钮，在展开的面板中将鼠标光标指向"坐标轴标题"复选框，单击其右侧的向右三角形按钮，在弹出的面板中选中"主要纵坐标轴"复选框为纵坐标轴添加标题，删除默认的坐标轴标题文本，将其修改为"单位：万"，如图 7-48 所示。

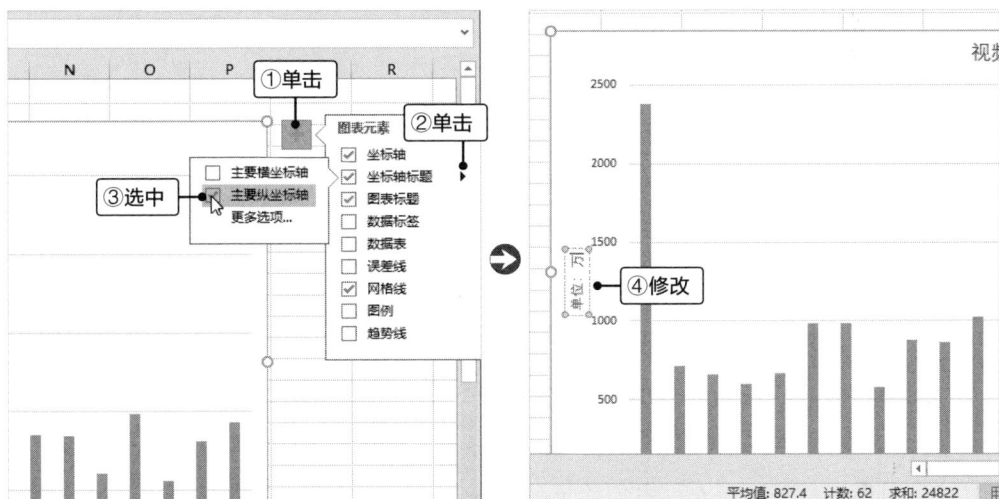

图 7-48　为纵坐标轴添加标题

选择 B2:B31 单元格区域，按【Ctrl+C】组合键执行复制操作，选择右侧的图表，直接按【Ctrl+V】组合键将复制的数据添加到图表中，如图 7-49 所示。

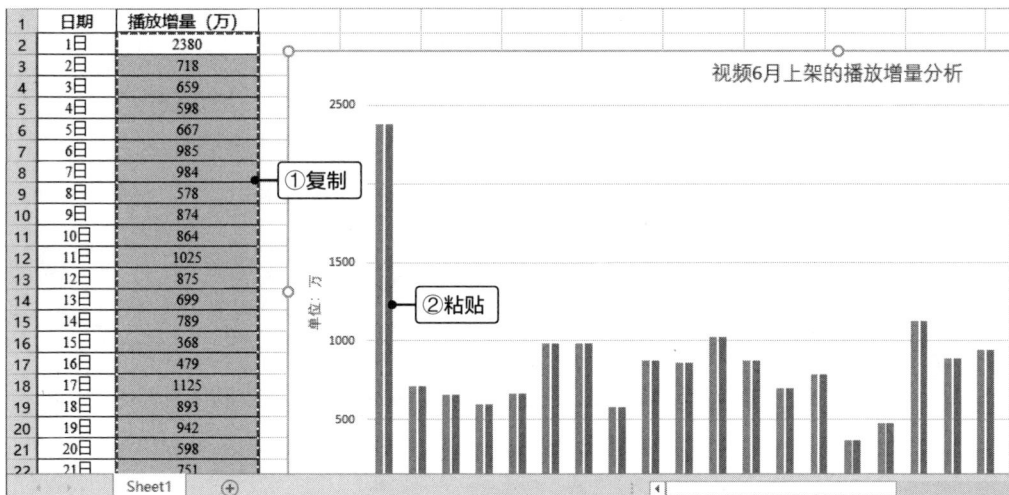

图 7-49　在图表中添加数据系列

选择新增加的数据系列，单击"图表工具 设计"选项卡，在"类型"组中单击"更改图表类型"按钮，如图 7-50 所示。

图 7-50　单击"更改图表类型"按钮

在打开的"更改图表类型"对话框中程序自动切换到"组合"选项卡，单击系列 2 对应的图表类型下拉列表框右侧的下拉按钮，在弹出的下拉列表中选择"折线图"栏中的"折线图"选项，如图 7-51 所示。

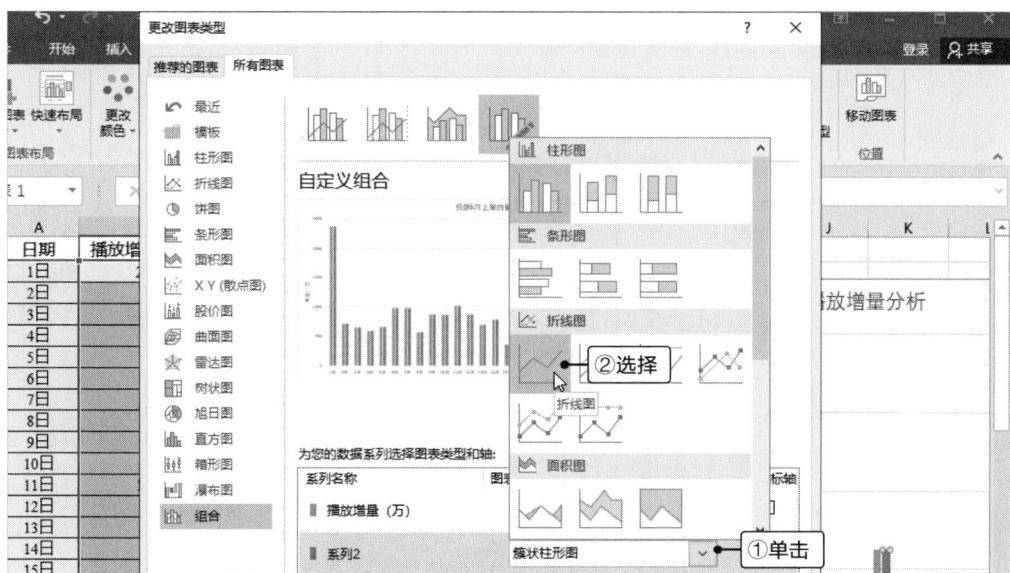

图 7-51　更改数据系列的图表类型

此时在对话框的中间预览区域位置即可查看到创建的柱形图 + 折线图的组合图表效果，单击"确定"按钮确认创建的组合图，如图 7-52 所示。

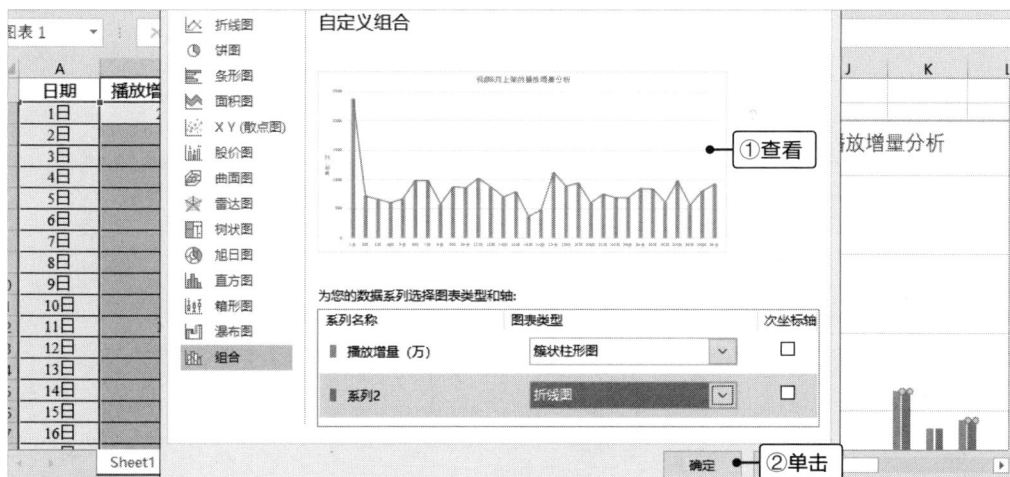

图 7-52　完成组合图表的创建

在返回的图表中双击折线数据系列打开"设置数据系列格式"任务窗格，单击"填充与线条"选项卡，在其中展开"线条"栏，单击"颜色"下拉按钮，在弹出的下拉列表中选择"红色"选项，更改折线数据系列的线条颜色，如图 7-53 所示。

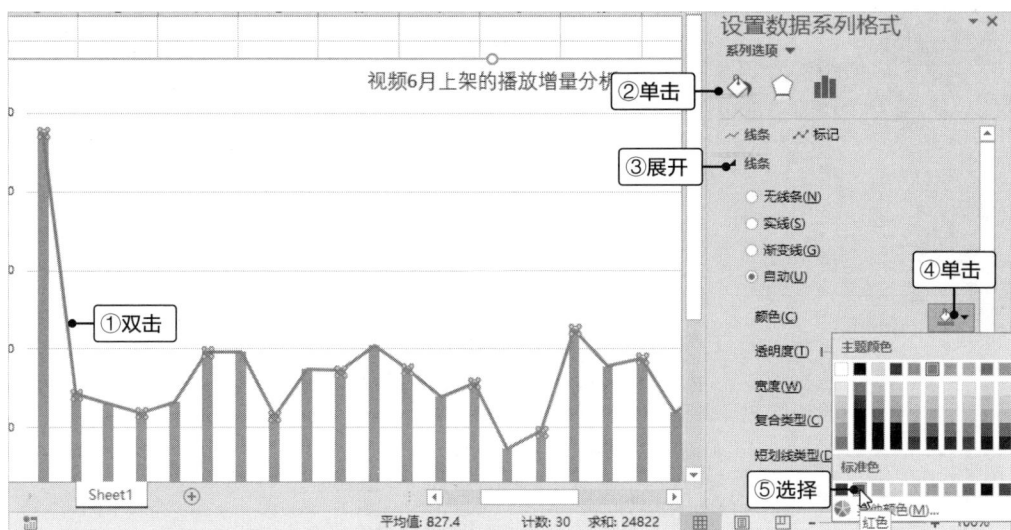

图 7-53　更改折线数据系列的线条颜色

在"填充与线条"选项卡底端选中"平滑线"复选框将折线数据系列的转折点更改为平滑圆点，使整个折线更加平滑，如图 7-54 所示。

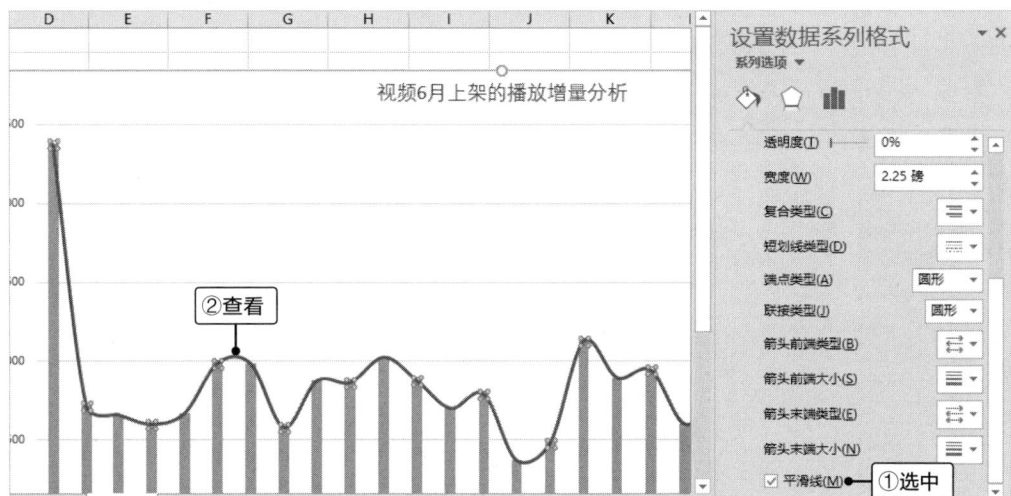

图 7-54　将尖角折线更改为平滑线

选择柱形数据系列，单击"设置数据系列格式"任务窗格中的"系列选项"选项卡，在"系列选项"栏的"分类间距"数值框中输入"80%"，调整各柱形数据系列之间的间隔，让柱形效果更明显，如图 7-55 所示。

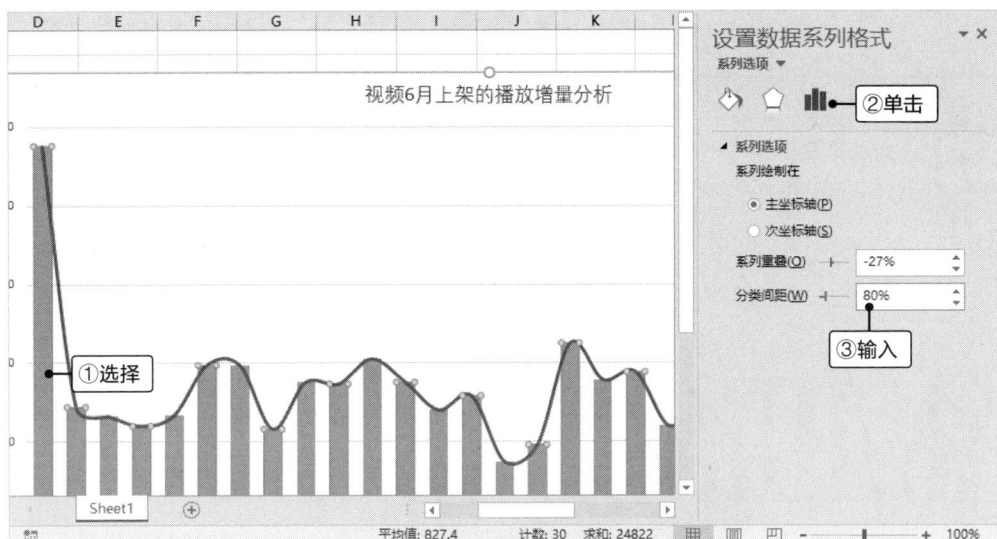

图 7-55　调整柱形数据系列之间的间隔

选择图表，右侧的任务窗格自动变为"设置图表区格式"任务窗格，单击"填充与线条"选项卡，展开"边框"栏，将边框颜色设置为"黑色，文字 1"颜色，在"宽度"数值框中输入 1.5 磅更改图表边框的粗细，如图 7-56 所示。

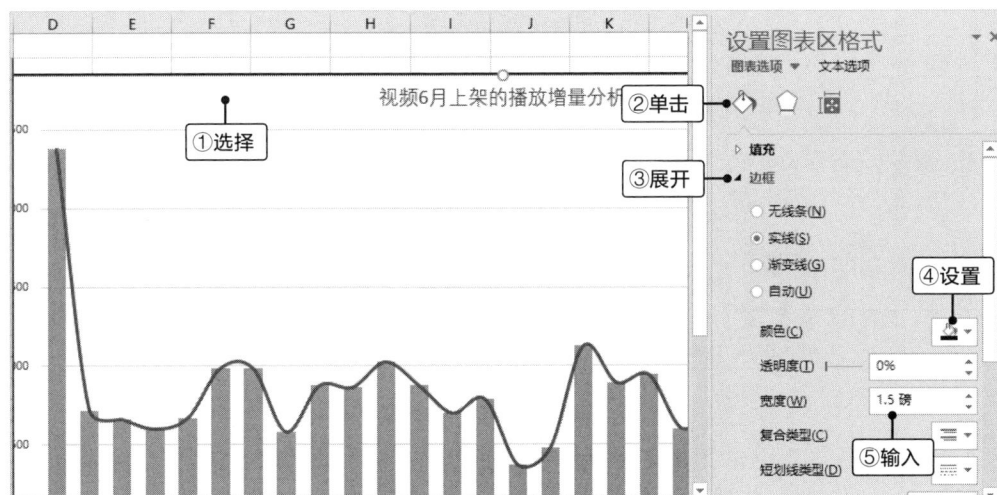

图 7-56　设置图表边框颜色和粗细

在"填充与线条"选项卡底端选中"圆角"复选框将图表的直角变为圆角效果，最后单击右上角的"关闭"按钮关闭任务窗格，如图 7-57 所示。

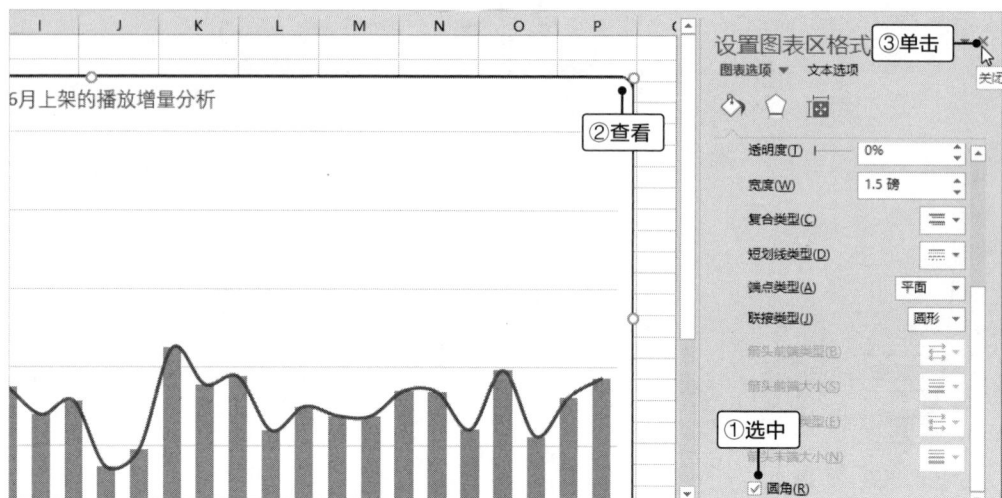

图 7-57 设置图表顶角为圆角

在返回的图表中分别设置图表标题、坐标轴标题和坐标轴文本的字体格式和字体颜色完成整个图表的所有制作，其最终设置效果如图 7-58 所示。

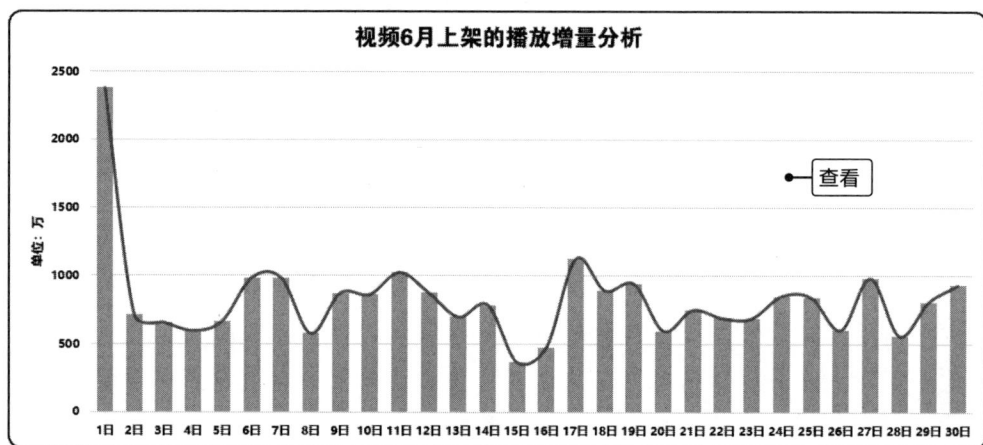

图 7-58 最终设置效果